윌리엄 오닐의
공매도 투자 기법

How to Make Money Selling Stocks Short

윌리엄 오닐의
공매도 투자 기법

HOW TO MAKE
MONEY
SELLING STOCKS
SHORT

윌리엄 오닐, 길 모랄레스 지음
조윤정 옮김

WILLIAM J. O'NEIL

이레미디어

감사의 말

이 책을 만들기 위해 오랜 시간 수고해준 팀원들에게 진심 어린 감사를 전한다. 길 모랄레스, 사라 슈나이더, 안젤라 한, 게일 크로지어, 미셸 오비에도, 카렌 지글러가 그들이다. 특히 길 모랄레스에게 고마움을 표하고 싶다. 그는 윌리엄 오닐 컴퍼니의 수석 시장 전략가이자 국제 포트폴리오 매니저로서 1976년에 소책자 형태로 발간됐던 이 책을 보완해 새롭게 만드는 데 수고를 아끼지 않았다. 이 과정에서 공매도에 관한 그 자신의 많은 연구가 큰 기여를 했다.

머리말

벌써 40년도 넘는 세월이다. 스물아홉 살 때 나는 뉴욕 증권거래소의 어떤 메이저 회원사에서 주식 중개인으로 일하고 있었다. 정확한 날짜를 얘기하자면 1962년 4월 1일에 나는 주식시장에 넣어두었던 돈을 모조리 회수해 공매도 거래를 하기 시작했다. 그해 말이 되자 주변에 있던 거의 모든 사람들이 끔찍한 주식시장 붕괴로 큰 손실을 본 반면 나는 순익을 기록했다. 당시는 사실 1950년대와 60년대에서 최악의 시기로 손꼽히는 때였다.

그 후 1년 만에 뉴욕 증권거래소 회원 자격을 얻고 '윌리엄 오닐 컴퍼니'라는 이름의 회사를 차렸으며, 20년 뒤에는 <인베스터스 비즈니스 데일리>를 창간했다. 이런 일을 하면서 때때로 큰돈을 벌기도 하고 내 몫의 실수를 하기도 했으며, 개인 투자자들과 함께 일하고 포트폴리오 매니저들을 고용했다. 그 과정에서 기관 투자가들을 위해 일하는 수백 명의 전문적인 포트폴리오 매니저를 관찰했는데 한 가지 놀라운 사실을 발견했다. 대부분이 주식 매도 문제에 대해 제대로 된 지식을 갖추고 있지 못하며, 매우 인간적이면서 심리적인 방해물을 안고 있다는 결론에 도달한 것이다. 그러니 공매도에 있어서는 말할 필요조차 없을 것이다.

1973~74년의 약세장 뒤 우리는 한 기관 투자가를 위해 연구를 수행했다. 이 연구에 따르면 시장 조사 기관들은 투자자들에게 지나칠 정도로 주식의 매수 후 보유를 권하는 경향이 있었다. 이 고통스런 하락의 시기에 매수 후 보유에 관한 조언은 매도하라는 충고보다 네 배나 많았다. 최근을 보자면 1929년 이후 가

장 끔찍했던 2000~2002년의 약세장 때, 월스트리트의 애널리스트들은 투자자들에게 50가지 방법으로 '사라'고 말했지만 매도에 관해서는 침묵을 지켰다. 1990년대의 경이적인 강세장이 2000년 3월 천정을 치면서 끝이 난 한참 뒤에도 그들 대부분은 그전에 훨훨 날다가 수직 폭락하고 있던 선도주를 매수하라고 계속 권했다. 한때 시장을 선도했지만 주가가 90퍼센트 이상 폭락한 종목도 있었고, 어떤 경우에는 회사가 파산할 상황인데도 매수를 권하는 조언들은 계속됐다.

이러한 사실은 주식을 매도하는 방법을 제대로 알거나, 매도를 해야 할 때 실제로 매도 결정을 내릴 수 있는 투자자 혹은 전문가들이 거의 없다는 것을 보여준다. 따라서 대부분의 투자자들에게 공매도는 훨씬 더 힘든 일일 수밖에 없다.

주식을 매도하는 데에는 용기뿐 아니라 그에 필적하는 실제적인 지식과 시장에 관한 노하우가 필요하다. 공매도에 있어서는 더욱 그렇다. 왜냐하면 누구나가 많은 실수를 할 게 뻔하기 때문이다. 하지만 주식을 어떻게, 언제, 왜 팔아야 하는지 모른다면 그 어느 누가 주식시장에서 돈을 벌거나 자산을 보호할 수 있겠는가? 주식시장의 신호를 통해 주가가 천정을 쳤고 매도해야 할 시점임을 파악하지 못한다면, 자신이 보유하고 있는 주식을 언제 팔아야 할지 어떻게 알 수 있겠는가? 주식을 팔 수 있는 능력 없이 사기만 하는 것은 풋볼 팀이 수비는 하지 않고 공격만 하는 것과 같다. 이기기 위해서는 둘 모두를 알고 나서 행동해야 한다.

나는 시장 정보지를 구독한 적도 없고 애널리스트나 경제학자들의 얘기를 듣고 돈을 벌어본 적도 없다. 하지만 당신은 에드윈 르페브르의 『어느 주식투자자의 회상』이나 제럴드 로브의 『목숨을 걸고 투자하라』, 아니면 내가 쓴 『최고의 주식 최적의 타이밍』 등 여러 책을 참고할 수 있을 것이다. 또는 당신이 알고 있는 몇몇 성공적인 투자자나 투자 그룹을 조사하거나 당신의 과거 투자 실적을 분석해보는 것도 시장을 이해하는 데 많은 도움이 될 것이다.

윌리엄 J. 오닐

차 례

Part 1 언제, 그리고 어떻게 공매도 거래를 하는가

Part 2 공매도 거래의 해부

Part 3 공매도 거래 모델

언제, 그리고 어떻게
공매도 거래를 하는가

HOW TO
MAKE
MONEY
SELLING
STOCKS
SHORT

당신이 대부분의 투자자들과 비슷하다면 주변에 있는 사람들이 누구 할 것 없이 당신에게 어떤 주식을 매수해야 하는지 얘기할 테고, 당신 역시 큰돈을 벌 수 있는 좋은 매수 기회를 찾기 위해 대부분의 시간을 투자할 것이다. 전체 시장이 강하고 안정적이라면 이것은 좋은 전략이다. 하지만 시장은 상승할 때가 있으면 하락할 때가 있는 법이다.

모든 것에는 두 가지 측면이 있다. 주식시장만 예외다! 주식시장에는 한 가지 측면밖에 없다. 그것은 상승 측면도 아니고 하락 측면도 아닌 적합한 측면이다. 정말로 주식을 성공적으로 매수하는 투자자들은 별로 없으며 성공적으로 매도하는 투자자들은 더 적다. 성공적으로 공매도를 하는 사람은, 전문가를 포함해 실질적으로 아무도 없다.

공매도란 무엇인가

공매도는 자신이 가지고 있지 않은 회사의 주식을 파는 거래 행위다. 공매도 거래를 하려면, 먼저 주식 중개인을 통해 주권株券을 '빌린' 다음 매수자에게 인도해야 한다. 먼저 사서 나중에 파는 행위와 반대로, 먼저 팔고 나중에 되사는 것이다. 이런 거래로, 기대했던 것처럼 더 낮은 가격에 되산다면 수익을 낼 수 있다. 하지만 판단이 빗나가면 높은 가격에 주식을 되사야 하기 때문에 당연히 손실을 보게 된다.

공매도 거래를 하기 전에는 반드시 주식 중개인이 당신이 공매도하고 싶어하는 주식을 정말로 빌릴 수 있는지 확인해봐야 한다. 공매도는 가지고 있지 않은 주식을 파는 것이기 때문에 중개인이 주식을 빌려서 매수자에게 인도해야 한다. 또한 공매도 중인 주식에 배당금 지급이 선언되면 당신은 매수자에게 배당금을 지불해야 한다. 이 일은 중개인이 처리해줄 것이다. 주식은 보통 배당락이 되면 배당금만큼 주가가 떨어지기 때문에 이것은 큰 리스크라고 할 수 없다. 게다가 공매도 거래는 증거금 계정으로 하므로 돈을 빌렸을 때처럼 이자를 지불해야 하는 일도 없다.

한국에서의 공매도 거래 | 공매도에는 '네이키드'naked와 '커버드'covered가 있다. 네이키드 공매도는 보유하고 있지 않은 주식을 먼저 판 다음 결제일 전에 주식을 빌리거나 되사 반환하는 방법을 말한다. 우리나라에서는 원칙적으로 네이키드 공매도를 허용하고 있지 않다. 다만 유·무상 증자, 주식 배당 같은 신주 발행의 경우에 대금을 납입하고 유상증자를 받을 것이 확정되었을 때처럼 결제불이행의 우려가 없을 때에 한해 예외적으로 허용된다.

이에 반해 커버드 공매도는 사전에 주식을 차입하기로 확정이 되어 있는 상태에서만 가능한 거래로 우리나라에서 허용하는 방식이다. 여기에는 대차 거래와 대주 거래가 있다. 대차 거래란 주식을 장기로 보유하고 있는 주주(장기 투자자나 대주주 또는 증권사 등)가 차입자에게 여유 주식을 대여하는 방식으로 이뤄지는데 증권사가 중개 역할을 한다. 차입자는 증권사에 차입수수료를 내고 주식을 빌려 재테크 수단으로 활용할 수 있는 이점이 있으며, 대여자는 상환을 보장받으며 대여수수료라는 이익을 취할 수 있다. 증권사는 차입과 대여의 상대방으로서 차입수수료의 일부를 갖는다. 대차 거래에 의한 공매도는 규모가 크며 외국인이나 기관 등이 활용한다. 한편 개인 투자자에게도 허용된 방식인 대주 거래에 의한 공매도가 있다. 한국증권금융을 통해 한도가 부여된 종목을 증권사에서 분배받아 개인 투자자에게 빌려주는 것으로, 대차 거래와 비교할 때 규모가 적고 대주 기간도 짧다.

또한 우리나라의 공매도 제도상으로는 직전 가격보다 낮은 가격으로 주문을 낼 수 없다는 업 틱 룰up-tick rule을 적용하고 있는데 주가 하락을 조장하는 부작용을 막기 위해서다. 이에 반해 자유롭게 매도 호가를 제시할 수 있는 것을 제로 틱 룰zero-tick rule이라고 한다.

이 외에 증권사에서 공매도 주문을 접수할 때는 차입 계약이 확정되어 있는지를 확인하고 공매도 호가라는 것을 표시하며 별도 관리해야 한다는 점도 우리나라에서의 공매도 거래의 특성이다. (편집자 주)

공매도의 메커니즘

공매도 거래의 메커니즘은 비교적 간단하다. ABC사의 주가가 떨어질 거라고 생각되면, 당신은 중개인에게 ABC주 100주를 공매도하라고 의뢰한다. 공매도 주문은 거래가가 하락하는 경우에는 실행되지 않으므로 당신의 주식은 플러스 틱plus-tick이나 제로 플러스 틱zero-plus-tick이 발생했을 때 공매도된다(이 글을 쓸 무렵 미국 증권거래위원회에서는 유동성이 매우 높고 자본이 큰 일부 종목에 한해 업 틱up-tick 규정을 폐지할 것을 고려하고 있었다. 이런 주식은 공매도 거래자들이 주가 조종을 하려는 시도에 쉽게 영향을 받지 않기 때문이다).

　플러스 틱은 주가가 이전의 거래가보다 높아졌을 때를 말하고 마이너스 틱minus-tick은 낮아졌을 때를 말한다. 제로 플러스 틱은 플러스 틱에서 가격 변화 없이 다음 거래가 이뤄졌을 때를 말한다.

　표 1.1은 가상의 주식을 예로 들어 틱의 개념을 이해하기 쉽게 보여주고 있다. 표를 통해 우리는 어떤 날 오후 12시 19분 무렵 뉴욕 증권거래소에서 이뤄진 거래 상황을 한눈에 볼 수 있다. 첫 번째 숫자는 시, 분, 초로 정확한 거래 시간을 나타내며 두 번째는 거래된 주식 수, 세 번째는 거래가 발생한 실제 가격이다.

표 1.1 틱의 구분

시간	거래 규모	거래가	
12:18:53P	2000	54.45	
12:19:05P	1500	54.44	마이너스 틱
12:19:10P	400	54.46	플러스 틱
12:19:16P	700	54.46	제로 플러스 틱
12:19:22P	1000	54.40	마이너스 틱
12:19:29P	200	54.42	플러스 틱
12:19:32P	500	54.48	플러스 틱
12:19:38P	200	54.48	제로 플러스 틱

12시 18분 53초에 54.45달러로 2,000주가 거래됐고, 12초 뒤에는 54.44달러로 1,500주가 거래됐다. 54.44는 바로 앞의 거래가 54.45보다 낮기 때문에 이를 마이너스 틱 혹은 다운 틱down-tick이라 한다. 이때는 공매도를 할 수 없다.

5초 뒤 다음번의 거래가 54.46달러에 이뤄졌다. 이 가격은 직전 거래가보다 2센트 높으므로 업 틱 혹은 플러스 틱이라고 한다. 이때는 공매도를 할 수 있다. 바로 다음을 보라. 6초 뒤 똑같은 가격인 54.46달러에 거래가 이뤄졌다. 이때는 직전 플러스 틱에서 가격 변화가 없기 때문에 제로 플러스 틱이라 한다. 이런 제로 플러스 틱에서도 공매도가 가능하다.

다음번 거래는 54.40달러에서 이뤄졌다. 직전 거래가보다 낮으므로 마이너스 틱이라 하며 이때는 공매도할 수 없다. 하지만 그 뒤 세 차례의 거래는 플러스 틱이거나 제로 플러스 틱이고 모두 공매도가 가능하다.

시장의 사이클은 어떻게 발생하는가

약세장이나 패닉은 보통 기본적인 조건의 악화나 특수한 사건 때문에 시작된다. 예컨대 1962년의 주가 하락은 미국 증권거래위원회에서 주식시장을 특별 조사하겠다고 선언한 뒤 시작됐다. 당시의 경제 및 금융 통계치는 부정적이지 않았지만, 많은 전문 투자자들은 증권거래위원회의 조사 결과를 확신할 수 없었기 때문에 주식을 처분한 후 시장에서 발을 뺐다. 그 뒤 케네디 대통령이 철강 산업에 강경한 조치를 취하자 불난 집에 기름을 붓는 지경이 됐다.

최근의 예로는 1998년 두 명의 노벨상 수상자가 운용한 대형 헤지 펀드인 롱텀 캐피털 매니지먼트의 파산을 들 수 있다(블랙Fischer Black과 숄즈Myron Scholes는 금융공학에서 기본이 되는 옵션가격 결정이론인 블랙-숄즈 모델Black-Scholes model을 만들어 노벨상을 수상했다. 이후 실제 이 이론에 입각하여 세계 최대의 헤지 펀드 운용사를 설립했으며 4년간 놀라운 수익률을 기록했다. 하지만 1998년 시장의 방향성을 잘못 예측하고 러시아에 무모한 베팅을 함으로써

1개월 만에 파산했다. – 편집자 주). 이로써 시장이 붕괴할 것이라는 공포가 휘몰아쳐 3개월 동안 폭락했다.

정상적인 시장 주기에서는 연방준비제도이사회의 할인율이 세 번째 혹은 네 번째로 오르면 돈이 마른다. 특히 주택 부문에서 자금 압박이 심해지는데 이런 상황이 여러 산업 부문으로 확산되면서 약세장으로 들어선다.

엄청난 약세장에서는 사실상 모든 주가가 떨어진다. 일정한 가격대를 유지하면서 약세장의 중력을 무시하는 듯한 주식도 언젠가는 주저앉는다. 따라서 이 시기 하락 추세에 저항하기 위해 더 괜찮은 블루칩이나 방어주처럼 보이는 주식을 매수해 포트폴리오에 변화를 주려는 것은 실수다. 이런 주식들은 필연적 결과를 단순히 늦추고 있을 뿐이며, 시간이 가면 정상적으로 하락할 수밖에 없다. 위의 전략으로 시장 평균보다 손실을 적게 입을 수는 있겠지만 어쨌든 돈을 잃는다는 사실에는 변함이 없을 것이다.

약세장에 갇히면 많은 투자자들은 개인이든 기관이든 상관없이 체면을 지키기 위한 행동을 한다. 짐짓 자신이 원래 장기 투자자이며 따라서 자신의 판단이 틀리지 않다는 듯이 구는 것이다. 왜냐하면 여전히 주식 배당금을 받을 수 있기 때문이다. 하지만 이는 순진할 뿐만 아니라 멍청하고 위험한 짓이다. 배당으로 받은 금액은 주가 하락으로 하루 만에 모조리 날아가 버릴 수 있다. 약세장이 시작될 때 아무것도 처분하지 않는 사람들은 몇 개월 동안 주가 하락이 지속되면 줄기차게 매도 압력을 받는다. 결국 엄청난 손실이 누적된 채로 바닥에 도달해서야 공포와 패닉 상태에서 주식을 처분하는 사람들이 바로 이들이다.

공매도는 적합한 시장 환경에서만 하라

공매도에서 어려운 부분은 거래의 적기를 찾는 일이다. 대원칙은 약세장이 형성되고 있다고 판단될 때만 공매도 거래를 해야 한다는 것이다. 강세장에서 공매도를 해서는 안 되는데 그 이유는 매우 간단하고도 당연하다. 강세장에서는 주가가 대부분 올라가기 때문이다. 반면 약세장에서는 거의 모든 주식이 조만간 떨어진다.

그러므로 가장 중요한 것은 전체 시장 평균(다우존스 산업 지수, S&P 500, 나스닥 종합 지수 등)에 따라 지금 시장이 강세장인지 혹은 약세장인지 알아내는 것이다. 약세장이 형성될 것을 정확히 예측하면 공매도 거래로 수익을 낼 수 있다. 하지만 강세장에서 공매도를 하면 추세에 거스르는 것이라 수익을 내기 힘들다.

약세장은 대략 3년마다 한 번씩 발생한다. 약세장이 되면 그전에 상승했던 것보다 더 빠른 속도로 주가 하락이 일어난다. 그러므로 타이밍만 제대로라면, 그전 1년 동안의 강세장보다 3개월 동안 더 큰 수익을 벌어들일 수도 있다. 내 생각에 약세장에서 당신이 할 수 있는 일은 단 두 가지다. 우선 가지고 있던 주식의 대부분 혹은 전부를 처분하고 시장을 나가서 돈을 그냥 가지고 있을 수 있다. 아니면 미국 재무부 증권이나 단기 채권 펀드 같은 현금성 자산으로 바꿀 수도 있다. 그리고 다른 한 가지가 바로 공매도 거래다.

주가가 한참 오른 강세장에서 당신이 주식을 처분하고자 할 때면, 이미 전체 시장이 약화되고 약세장이 형성된 것을 깨달은 후일 것이며 주가는 최고가에서 10~15퍼센트 정도 떨어져 있을 것이다. 그러나 공매도 거래를 하면 이 정도 수익은 되찾을 수 있고 그보다 더 많은 돈을 벌 수도 있다. 약세장에서 이렇게 양쪽 방향에서 잘 대처하면, 당신의 포트폴리오는 보다 안전한 포지션에 있게 될 것이다. 당신은 현금으로 무장한 채 그전의 끔찍한 실수들을 잊어버리고서 다음의 강세장에서 새로운 선도주들을 수확할 준비를 갖출 수 있을 것이다.

시장과 개별 주식을 함께 주시하라

강세장은 1주일이나 1개월 만에 끝나지 않는다. 천정이 형성되는 데는 몇 개월이 걸린다. 따라서 너무 일찍 공매도에 나설 수도 있는데 결국 재빠른 환매로 손실을 줄여야 한다. 하지만 이럴 때라도 포기하거나 좌절하지 말기 바란다. 2~3개월 내에 시장이 심각하게 취약해질 수 있고, 그러면 다시 숏 포지션을 취할 수 있는 기회가 생기기 때문이다. 다른 일들도 마찬가지지만 공매도 거래는 끈기와 인내를 필요로 한다.

이런 상황에서는 개별 주식의 시황을 주시하라. 때때로 기업들은 약세장에서도 좋은 소식을 발표하기도 하고 주식 분할을 선언하거나 뛰어난 영업 실적을 보여주기도 한다. 종종 약세장에서도 주가가 올라가기를 바라면서 배당금을 올리는 기업도 있다. 이런 식으로 해서는 보통 잘못된 결과만을 낳을 뿐인데, 투자 전문가들이 이때를 공매도 기회로 이용하기 때문이다. 긍정적으로 보이는 뉴스에 현혹되지 말라. 똑똑한 투자 전문가들은 긍정적인 뉴스를 더 많은 주식을 공매도할 수 있는 기회로 삼는다. 중요한 것은 주가와 거래량의 변동을 좇는 것이다. 긍정적인 소식이나 발표로 일어난 주가 반등은 대개 공매도의 적기를 만들어준다. 당신은 이런 '뉴스로 인한 주가 반등'을 기회로 삼아야 한다!

어떤 주식을 공매도해야 하는가

공매도 거래를 해야 할 주식들은 바로 그전에 있었던 강세장의 선도주들이다. 다시 말하면 이전의 강세장에서 큰 폭으로 주가가 상승한 주식들이다. 선도주들은 뮤추얼 펀드나 은행, 연금, 펀드 같은 기관 투자가들이 많이 보유한다. 우리가 조사한 바에 따르면 선도주의 경우 주가가 큰 폭으로 오르고 고공행진을 이어갈 때보다는 주가가 천정을 치고 나서 1~2년 정도의 기간에 더 많은 기관이 더 많은 주식을 보유하는 것으로 밝혀졌다. 따라서 이런 주식이 계속해 하락하면 엄청난 매도 물량이 발생한다. 모두가 갖고 있다면, 앞으로는 팔 사람밖에 없기 마련이다.

최근에 분할이 이뤄진 주식 역시 공매도 대상으로 적합하다. 분할은 대규모일수록 좋다. 지난 2~3년 동안 두 번의 분할이 있었다면, 더 좋다. 두 번째 주식

분할은 대개 주가의 전체적인 흐름 중 마지막 무렵에서 이뤄진다. 이때는 사람들이 해당 주식이 큰돈이 되리라는 것을 확신하고 있는 상태다. 주식 분할이 공매도 거래자들에게 유리한 이유를 한번 보도록 하자.

어떤 기관이 한 주식을 50만 주 보유하고 있다고 하자. 그 주식이 3대 1로 분할된다면 기관은 이제 150만 주를 보유하는 셈이 된다. 따라서 매도 결정을 해야 할 물량이 많아진 것이다. 많은 기관들이 이 주식을 보유하고 있다면 주식 분할의 파급효과는 엄청나게 커진다. 주식시장의 모든 문제는 수요와 공급의 문제다. 시장에 공급 물량이 많아지면 가격이 떨어지는 법이다. 대개 어떤 해에 주식 분할이 두 번째 혹은 세 번째로 이뤄지면 주가가 천정을 친 뒤 하락하곤 한다.

거대 기관이 주식을 보유하고 있는 경우는 약세장에 들어서면 큰 문제가 될 수 있다. 보통 우리는 강세장에서는 기관들이 강력하게 매수해주기를 원한다. 하지만 약세장이 되면 입장이 달라진다. 기관들이 지나치게 많이 보유하고 있는 주식은 그들이 물량을 처분하기로 결정할 경우 큰 곤란을 겪을 수 있다. 이런 과다 보유는 보통 오래전에 천정을 친 선도주의 경우에 많이 일어난다.

예컨대 1999년 12월 절대적 고점에 도달했던 AOL 타임워너 주식은 815개의 뮤추얼 펀드가 대략 3억 6,200만 주를 보유하고 있었다. 2년이 더 지난 뒤 주가가 90달러에서 10달러 이하로 곤두박질 쳤을 때에는 1,000개 이상의 뮤추얼 펀드가 총 8억 8,600만 주를 보유하고 있었다. 이 사실은 대부분의 뮤추얼 펀드 매니저들이 파티에 늦게 나타난다는 것을 보여준다. 그들은 멍청하게도 고점을 찍은 지 한참 된 주식을 수십만 주씩 산 뒤 하락하고 있는 주식을 계속 보유하고 있었던 것이다. 이런 과다 보유는 결국 물량의 과다 공급으로 이어져 주가가 오랫동안 맥을 못 추게 되거나 심지어는 완전히 붕괴되는 결과까지 낳게 한다.

어떤 주식을 골라 어떤 때에 공매도를 해야 하는지 판단하는 한 가지 방법으로 해당 산업의 상황에 따라 알맞은 주식을 고르는 방법이 있다. 전체 시장이 천정을 쳤다고 해도 모든 업종이 동시에 천정을 치고 하락하지는 않는다. 어떤

표 1.2 업종 순위 예

IBD's 197 Industry Group Rankings

Industry Groups are ranked 1 through 197 on price performance of all stocks in the industry in the latest 6 months (1=best performance). Top 10 industries in performance yesterday are boldfaced. Worst 10 are underlined. Studies show most top-performing stocks are found in the top quartile of groups and that group action determines at least half of a stock's performance.

업종의 주식을 공매도하는 것이 시기적으로 적절하다 하더라도 다른 업종의 주식은 시기적으로 2~3개월가량 이를 수 있다. 이럴 때는 끈기 있게 기다려야 한다. 때는 올 것이며, 때가 오면 시장이 당신에게 행동에 나서라는 신호를 줄 것이다. 기관들이 보유하고 있던 한두 개의 주식이 큰 폭으로 하락한 뒤 반등하지 않거나 심각한 취약성을 보이면, 동일 업종의 다른 선도주들을 찾아보라. 그런 주식들도 똑같은 과정을 밟을 가능성이 크기 때문이다.

표 1.2는 <인베스터스 비즈니스 데일리>의 산업 부문별 흐름이다. 이러한 정보들을 참고하여 당신은 어떤 산업이 현재 강해지거나 약해지고 있는지 확인할 수 있을 것이다.

미상환 잔고를 확인하라

숏 인터레스트short interest, 즉 공매도 미상환 잔고는 공매도가 이뤄진 주식 수에서 상환한 주식 수를 차감한 것이다. 이는 보통 전체를 청산할 수 있는 일수로 나타낸다. 예컨대 ABC라는 기업의 주식이 하루 평균 10만 주 거래되고 현재 공매도된 주식 수가 50만 주라면, 공매도 거래자들이 ABC 주식의 숏 포지션을 청산하는 데는 5일의 일일 평균 거래량이 필요할 것이다. 따라서 이 경우 숏 인터레스트는 '5.0일'이 된다.

　1929년과 2000년 초의 약세장 절정기에 숏 인터레스트는 매우 낮았다. 1930년대의 대공황 때 뉴욕 증권거래소의 경제학자 에드워드 미커는 1929년의 약세장 절정기를 조사해본 뒤, 대붕괴 때 숏 인터레스트가 높은 주식들이 낮은 주식들보다 훨씬 적은 낙폭을 기록했다는 것을 발견했다. 숏 인터레스트가 높으면 주가 하락 때 완충 역할을 해줄 수 있다. 물론 그렇다 해도 하락 자체를 막지는 못한다.

　뉴욕 증권거래소와 나스닥에 상장된 개별주들의 숏 인터레스트는 한 달에 한 번씩 <인베스터스 비즈니스 데일리>와 <데일리 그래프>를 비롯해 수많은 간행물과 매체에 발표된다(우리나라에서는 대차 거래의 중개 업무를 증권예탁결제원, 증권회사, 한국증권금융에서 하고 있다. 각 기관별 대차 거래 내역을 발표해왔으나 2008년 10월 현재 증권예탁결제원에서 통합 공시하는 방안이 논의되고 있다. 3개월 누계로 전일 잔고·당일 체결·당일 상환 주식 수, 현재 잔고(주식 수와 금액)를 종목별로 확인할 수 있다. – 편집자 주). 한 주식의 숏 인터레스트가 매우 높고 최근에 크게 증가했다면, 그 주식은 공매도의 좋은 후보가 될 수 없다. 많은 거래자들이 여러 주식의 숏 인터레스트가 커가는 것을 지켜보고 있다가 시장이 상승 추세로 바뀌자마자 대량 매수에 나서서 공매도 거래자들을 곤경에 빠뜨릴 수도 있다. '숏 스퀴즈'short squeeze(공매도 후 주가가 상승하면 투자자는 숏 포지션을 청산하거나 손실을 줄이기 위해 주식을 매수해야 한다. 이러한 이유로 공매도 비중이 높은 종목에서 매수세가 집중돼 주가를 더욱 상승시키는 현상을 말한다. ─ 편집자 주)를 특히 염려해야 하는 것도 이런 종목에서다.

전체 시장 평균을 활용하라

공매도 시점은 전체 시장 평균의 움직임과 동향에 따라 결정하는 게 제일 좋다. 지수들 간 다이버전스가 발생해 전체 시장이 취약하다는 신호가 분명해진 후 어떤 종목을 선택해 언제 공매도할 것인가의 문제로 넘어간다.

전체 시장 평균(다우존스 산업 지수, S&P 500, 나스닥 종합 지수 등)은 미국 경제에서 굳건한 자리를 차지하고 있는 주요 기업들의 상황을 보여주기 때문에 아주 중요하다. 그들 중 몇 가지 주요 지수를 동시에 지켜봐야 한다. 그러면 중요한 고점을 찾는 데 도움이 될 뿐 아니라 어떤 지수가 다른 지수와 다르게 움직이거나 다른 지수의 고점을 쫓아가지 못할 때를 쉽게 판별할 수 있다.

전체 시장 평균의 천정 형태는 두 가지다. 하나는 거래량이 보통이거나 적은 가운데서 지수가 상승하며 새로운 단기 고점을 형성하는 경우다. 이때는 매수세가 빈약해 주가 상승이 매도세에 의해 곧 역전될 것이라는 사실을 알아야 한다.

또 다른 형태의 천정 역시 지수가 상승 추세에 있는 동안 형성된다. 하루나 이틀 혹은 사흘 동안 뉴욕 증권거래소나 나스닥의 일일 거래량이 계속적으로 증가한다. 하지만 지수 상승률은 미미하거나 변동이 없는 경우다. 이를 '과도 거래'churning라고 하며 천정을 예상할 수 있는 신호다. 과도 거래 때 심지어 종가가 전날의 종가에 비해 낮아지기도 하는데 이런 날을 '분산일'distribution day이라고 한다. 2~4주의 기간 동안 분산일이 3~5일가량 나타나면, 현재 보유하고 있는 주식을 재평가하고 현금을 거둬들이기 시작해야 한다.

차트 1.1은 1984년의 다우존스 지수로 이중 천정형을 형성했다. 두 천정에서는 지수가 계속 상승하는 동안 실제로는 분산이 진행되고 있었다. 차트를 자세히 들여다보면, 지수가 상승해 A에 도달하는 동안 많은 분산일들이 있는 것을 확인할 수 있다. 거래량은 상승했지만 지수는 하락 마감한 지점들이다. A에서는 이틀 동안 거래량이 증가했지만 지수는 크게 상승하지 못했다. 따라서 이 지점에서 과도 거래가 일어났다는 것을 알 수 있다. 4일 뒤 B에서 다우존스 지수는 새로운 장중 고가를 기록했다. 하지만 거래량이 엄청났음에도 불구하고 전날보다 낮은 종가로 장을 마감했다. 이날 대규모로 분산이 일어났다는 뜻이다. 그 뒤 시장은 아래로 주저앉으며 5일의 분산일을 형성한 다음 저점을 만들고 반등했다. 시장이 C에서 천정을 쳤을 때 거래량이 다시 증가했으나 더 이상 상승하지는 못했다. D에 이르기까지 다시 과도 거래가 이뤄졌고, 그 뒤 지수는 하락하기 시작해 다섯 번의 분산일을 더 형성했다. 이로써 지수는 200일 이동평균선을 아래로 관통했다. 이것이 1984년 약세장의 시작이었다.

차트 1.1　　다우존스 지수(일간): 천정

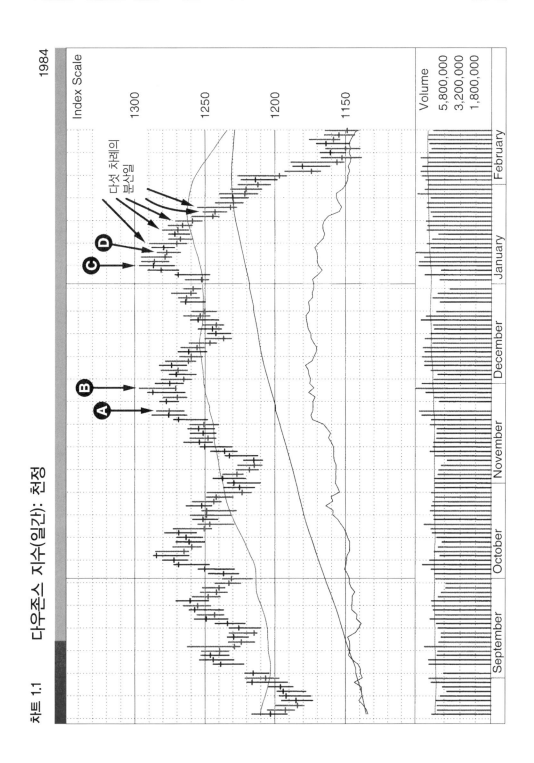

다우존스 지수의 1990년 천정도 1984년과 비슷하다. 시장이 새로운 고점 영역으로 계속 나아가고 있는 동안 분산이 시작됐다. 차트 1.2의 A에서는 상승을 시도하면서 거래량이 매우 많아졌다. 하지만 지수는 곤두박질 쳐 전날보다 낮은 종가를 기록했다. 따라서 이날은 분산일이다. 그 뒤 지수는 안정을 찾고 다시 새로운 고점 영역으로 올라가기 시작했다. B에서는 거래량이 전날보다 증가했지만, 종가가 그날 거래 범위의 아래쪽에 형성됐다. 이날 지수는 크게 상승하지 못했고 과도 거래임이 확인됐다. C와 D에서는 지수 하락이 시작되는 동안 거래량이 크게 증가했다. 지수는 1주 반 정도 일정한 가격 수준을 유지하면서 E로 표시된 2일 동안 분산일을 형성했다. 투자자들에게 롱 포지션을 처분할 시간을 준 것이다. 그 뒤 F, G, H에서 거래량이 다시 크게 증가했지만 시장은 붕괴했다.

차트 1.2   다우존스 지수(일간): 천정

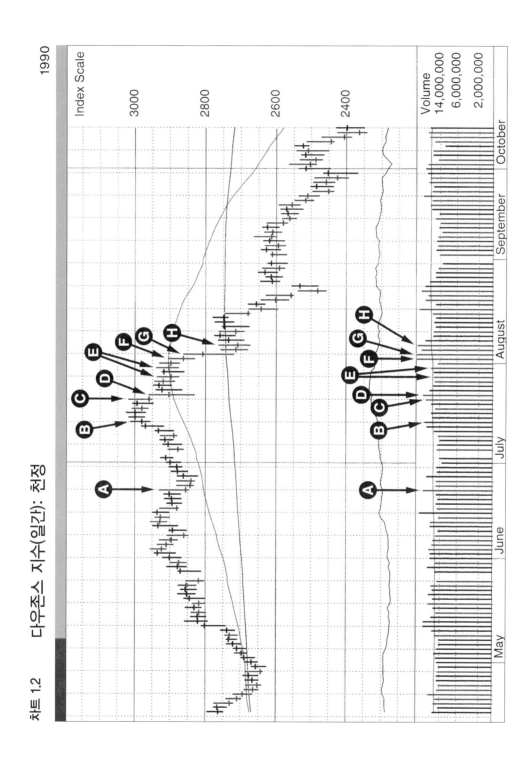

차트 1.3의 나스닥 종합 지수를 보면 2000년의 천정 역시 고전적인 이중 천정형을 이루고 있다. 지수가 이중 천정형을 형성할 때까지 새로운 고가 영역을 올라가고 있는 모습은 매우 강력해 보인다. 궁극적인 고점에 도달할 무렵 지수는 1998년 10월의 바닥에서 두 배나 상승했다. 5,000선을 돌파했고 시장에는 앞으로도 더 오를 것이라는 예측과 섣부른 팡파르가 울려 퍼졌다. 특히 인터넷 주는 끝도 없이 상승해 하루에 10포인트, 20포인트, 심지어는 40포인트가 오르기도 했다. 하지만 나중에야 확인할 수 있지만 이때가 주가 상승의 마지막 절정기였다.

차트에서 지수가 A까지 상승하는 동안 거래량이 많았다는 사실을 확인하라. A 근처에서도 며칠 동안 거래량은 증가했지만 지수가 처음으로 5,000선을 찍은 다음 주춤했다. 이날은 거래량이 증가한 가운데서도 결국 지수가 반전해 전날보다 낮은 종가를 기록했다. 그 뒤 3일 동안 나스닥 종합 지수는 평균 이상의 거래량을 형성하며 새로운 고가 영역으로 진입했다. 그러나 3일째 B에서 상승을 멈추었다. C에서는 거래량이 증가하면서 지수가 하락해 세 번째로 분산일을 형성했다. 그리고 나서 지수는 4,500선에서 저점을 형성하고 다시 5,000선 위까지 반등했다. 그러나 2주 전의 수준에까지는 미치지 못했다. 차트에서 D라고 표시된 곳을 보자. 지수가 5,000선을 돌파했지만, 거래량은 지수가 최초로 5,000선을 넘은 A와 비교하면 상대적으로 적다. 미묘하지만 이 지점에서 매수세가 약해졌다는 신호다. D의 다음날은 다시 주가가 떨어지면서 거래량이 적었지만, 그 뒤 3일 동안은 지수가 폭락하는 가운데서도 거래량이 점차 증가했다.

차트에서 E, F, G를 보라. 이 무렵 나스닥 종합 지수는 천정 근처에서 일곱 차례의 분산일을 기록했다. 지수가 50일 이동평균선 근처에서 잠시 멈추면서 투자자들에게는 하루 동안 돈을 뺄 기회가 있었다. 다음날에는 거래량이 적어지며 지수가 곤두박질 쳤다. H에서는 거래량이 엄청났다. 이때 지수는 폭락했지만, 일일 거래 범위의 위쪽에서 종가가 형성됐다. 그래서 많은 기술적 분석가들은

차트 1.3　나스닥 종합 지수(일간): 천정

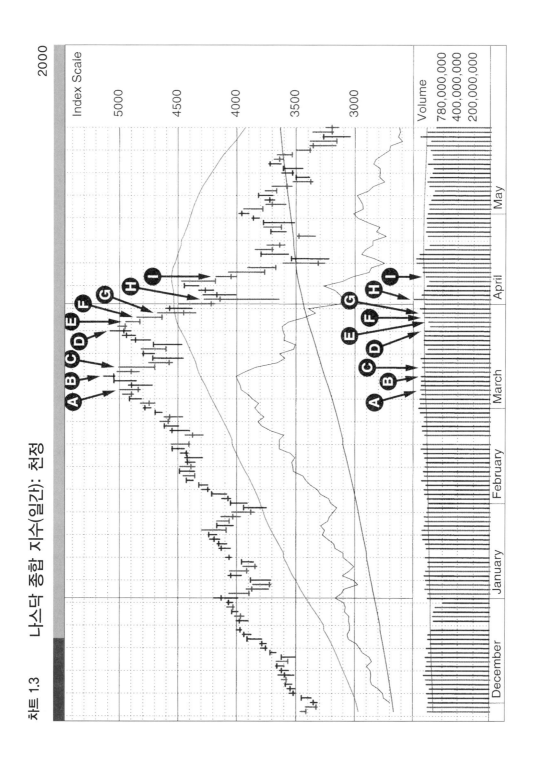

시장이 '항복의 바닥'capitulation bottom을 찍었다고 생각했다. 하지만 사실 이날은 또 한 차례의 분산일이었을 뿐이다.

그 뒤 3일 동안 지수는 반등을 시도했지만, 50일 이동평균선 위로 올라가지 못했다. H 이후 3일간 지수가 반등했으나 거래량이 연속적으로 감소했다는 사실에 주목하라. 지수가 회복을 시도하는 동안 매수세가 감소되고 있다는 증거다. I로 표시된 날부터 4일 동안은 연속적으로 분산일을 형성하면서 거래량이 증가하는 가운데 지수가 폭락했다. 역사상 가장 잔인한 약세장 중 하나는 이렇게 시작됐다.

천정을 친 뒤에는 추세가 하락세로 바뀌는 처음 며칠 동안 거래량이 급증하는 것만은 아님을 알아두라. 이 점은 특히 중요하다. 대부분의 분석가들은 초반에 실질적인 하락 거래량의 증가가 없다면 조정이 정상적이라는 생각에 젖어 있기 때문이다. 시장의 천정형에 관해 더 자세히 알고 싶다면, 내 책『최고의 주식 최적의 타이밍』을 보라.

최적의 공매도 타이밍

일단 전체 시장이 하락 추세에 있다고 판단하고 공매도 거래를 할 만한 몇몇 개별 후보들을 정하면, 공매도를 시작할 적절한 시기를 정하기 위해 주가를 관찰해야 한다. 가장 먼저는 일간 차트나 주간 차트로 지난해의 주가와 거래량 변동을 분석한다.

중요한 것은 천정에서 공매도를 하는 것이 아니라 적기에 공매도를 하는 것이다. 주가가 처음으로 비정상적으로 아니면 큰 폭으로 하락한 뒤에는 보통 두세 차례 반등이 일어난다. 보통 이때가 공매도의 최적기인데, 전체 시장 평균의 흐름과 부합하는지를 반드시 살펴야 한다.

천정을 친 주가는 종종 큰 폭으로 하락해 50일 이동평균선 아래로 내려간다. 그리고 대부분은 두 번에서 네 번 정도 50일 이동평균선을 넘어 반등한다.

주가를 면밀히 관찰해야 하는 것은 이 무렵이다. 거래량이 갑자기 엄청나게 많아지면서 주가가 50일 이동평균선 아래로 무너지는 순간을 찾아라. 이렇게 두 번째로 주가가 하락하면 천정을 치고 난 후 최초의 주가 하락부터 시작된 하락추세를 확인할 수 있다. 이제 당신은 가능한 한 50일 이동평균선을 이탈한 지점에 근접해 공매도 주문을 해야 한다.

여기서 매우 중요한 한 가지 사실은 공매도 적기는 대부분의 경우 절대적인 고점에서 5~7개월 지난 뒤라는 것이다. 주식을 매수할 때 우리는 절대적인 저점에서 사려 하지는 않는다. 대신 완전한 바닥 패턴이 만들어지고 상승세가 지속될 때까지 기다렸다가 매수 시점을 결정한다. 공매도도 똑같다. 절대적인 고점에서 공매도하려 해서는 안 된다.

이렇게 해야 하는 가장 중요한 이유는 절대적인 고점 이후 한동안은 과거의 선도주에 강세 감정이 남아 있기 때문이다. 개인 투자자나 전문 투자자나 마찬가지지만, 어떤 주식이 수직 상승하는 것을 지켜보기만 하고 한 번도 그 주식의 상승 흐름을 타보지 못한 투자자들은 주가가 낮아지면 이때다 하고 주식을 매수하려 든다. 이런 사람들이 몰리면 매수세로 인해 일련의 반등이 일어날 수 있다. 그러면 주가는 중요한 이동평균선(보통 50일 이동평균선) 위로 올라간다. 이런 반등은 때이른 공매도 거래자들을 실망시키고 뒤늦은 매수자들을 끌어들인다.

이런 때이른 공매도 거래자와 뒤늦은 매수자들이 모두 좌절과 실망으로 나가떨어진 위에야 주가는 마침내 큰 폭으로 하락하기 시작한다. 이런 일이 언제 일어날지 판단하는 좋은 방법은 50일 이동평균선을 관찰하는 것이다. 50일 이동평균선이 200일 이동평균선을 가로질러 내려가면, 대개 1주에서 2개월 내에 주가가 큰 폭으로 하락한다. 이런 이동평균선의 교차점은 공매도 시기를 좁히는 데 도움이 된다. 50일 이동평균선이 200일 이동평균선 아래로 내려간 뒤 주가를 면밀히 관찰하면, 주가가 이제 큰 폭으로 떨어질 것이라는 최초의 신호를 곧 발견할 수 있을 것이다.

최후의 고점 신호를 읽어라

상식과 경제에 대한 이해를 갖추고 있다면 약세장이 진행 중일 때 최상의 공매도 대상을 고르는 데 많은 도움이 될 것이다. 예컨대 철도, 호텔, 자본 설비, 기초 재료 같은 산업들의 주식은 경기의 영향을 많이 받는다. 이런 주식이 지난 1~2년 동안 큰 폭으로 올랐다면 이번에는 큰 폭으로 떨어질 수 있다. 현재는 사라진 서튼-티드라는 소매 기업은 1962년 시장 붕괴 때 아주 좋은 공매도 대상이었다. 똑같이 주택 관련주인 MGIC와 카우프만 앤드 브로드(현재는 KB홈으로 알려진) 역시 1973~74년의 무자비한 약세장에서 공매도 거래의 좋은 먹잇감이 됐다.

하락 가능성이 가장 큰 주식은 바로 그전의 강세장에서 상승 폭이 가장 컸던 주식이라는 것 또한 상식에 속한다. 주식시장에서도 인생역전이라는 것이 있다. 2000년에 천정을 치고 약세장이 형성되었을 때 그전에 미친 듯이 상승하여 교과서적인 '최후의' 고점에 도달했던 기술주들이 놀라운 공매도 기회를 제공했다. 이때 많은 기술주들이 강세장의 고점에서 90퍼센트 이상 폭락했다.

차트 1.4부터 1.9까지는 1998~2000년 강세장의 세 선도주였던 휴먼 게놈 사이언스와 퀄컴, AOL의 주가를 보여주고 있다. 이들 주식들은 모두 큰 폭으로 상승해 마침내 최후의 고점에 도달했다. 최후의 고점에 도달하는 순간에는 이따금 가파른 상승을 보여 주간 차트에서 2~3주 만에 가격이 크게 오르곤 한다(일간 차트에서는 8~10일). 또한 이런 최후의 상승은 일간 차트에서 몇 차례 상승 갭을 동반하곤 한다. 이때 한 주의 저가와 고가 사이에서 형성된 가격 범위는 오래전 주가 상승이 시작된 이후로 형성된 어떤 주별 가격 범위보다도 넓다.

어떤 경우는 최후의 고점 근처에서 대규모 거래량과 함께 주가가 전주의 고가에서 저가까지 움직이다가 결국 약간 높은 종가를 기록하기도 한다. 나는 이를 '철로'라고 부른다. 주간 차트에서는 두 개의 평행한 수직선으로 보이기 때문이다. 차트 1.4에서는 휴먼 게놈 사이언스 주가의 고점에서 이런 철로를 볼 수 있다. 이것은 한 주 동안 커다란 주가 상승 없이 엄청난 거래량의 분산이 이뤄졌다는 신호다.

대개 선도주에서는 최후의 고점에 뒤이어 밝은 전망을 제시하는 중요한 뉴스가 보도되거나 월스트리트의 애널리스트들이 앞 다투어 가격 목표점을 올리는 일이 일어난다. 1999년 3월 찰스 스왑 사가 마침내 160달러를 넘어 고전적인 최후의 고점에 도달했을 때, 한 거대 증권사의 애널리스트는 가격 목표점을 200달러로 재설정했다. 하지만 이 애널리스트의 판단은 현실과 완전히 동떨어져 있었다. 주가는 천정을 치고 난 후 200달러는 고사하고 160달러 선에도 다시 가지 못했다.

이런 사례들을 면밀히 조사해보면 선도주가 어떤 때에 최후의 고점에 도달하는지 아는 데 도움이 될 것이다. 중요한 선도주가 어떤 때에 천정을 치는지 아는 것이 공매도 기회를 파악하는 첫걸음이라 하겠다. 중요한 선도주가 천정을 치면, 그 뒤 몇 달 동안 주가 흐름과 거래량을 모니터해 공매도 적기를 잡아야 한다.

차트 1.4   흄먼 게놈 사이언스(주간)

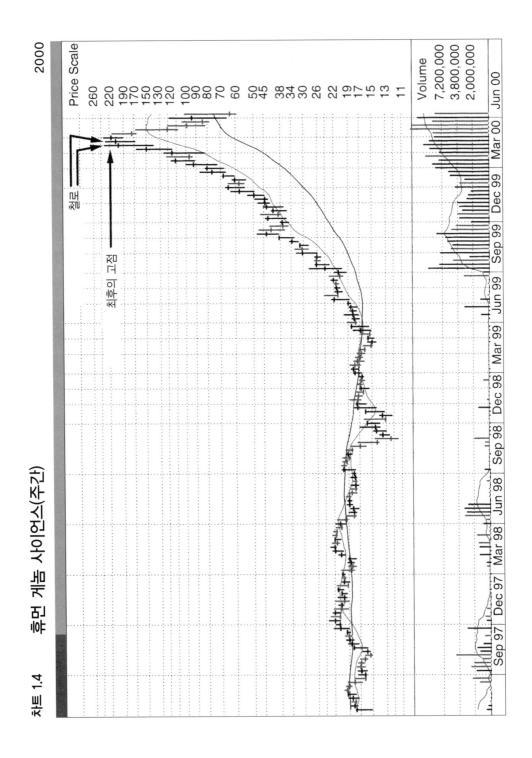

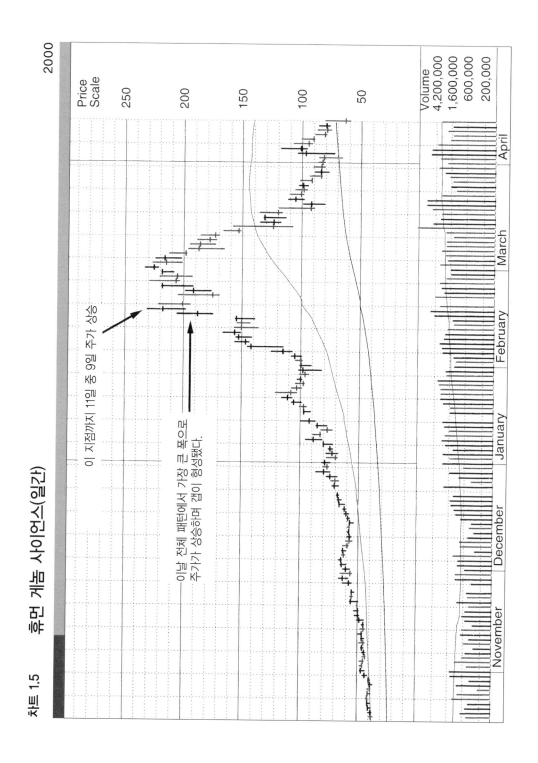

차트 1.5   휴먼 게놈 사이언스(일간)

이 지점까지 11일 중 9일 주가 상승

이날 전체 패턴에서 가장 큰 폭으로 주가가 상승하며 갭이 형성됐다.

2000

Price Scale

250

200

150

100

50

Volume
4,200,000
1,600,000
600,000
200,000

November   December   January   February   March   April

차트 1.6   퀄컴(주간)

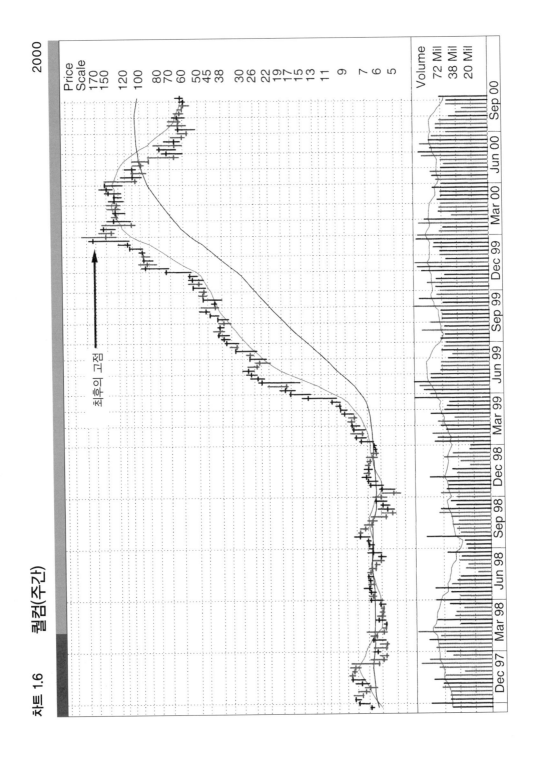

최후의 고점

차트 1.7   퀄컴(일간)

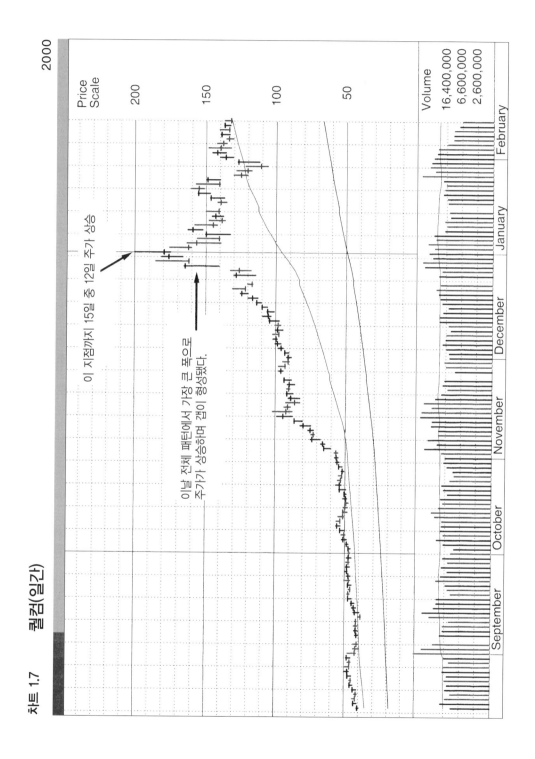

2000

Price
Scale

200

150

100

50

Volume

16,400,000
6,600,000
2,600,000

이 지점까지 15일 중 12일 중 주가 상승

이날 전체 패턴에서 가장 큰 폭으로
주가가 상승하며 갭이 형성됐다.

September   October   November   December   January   February

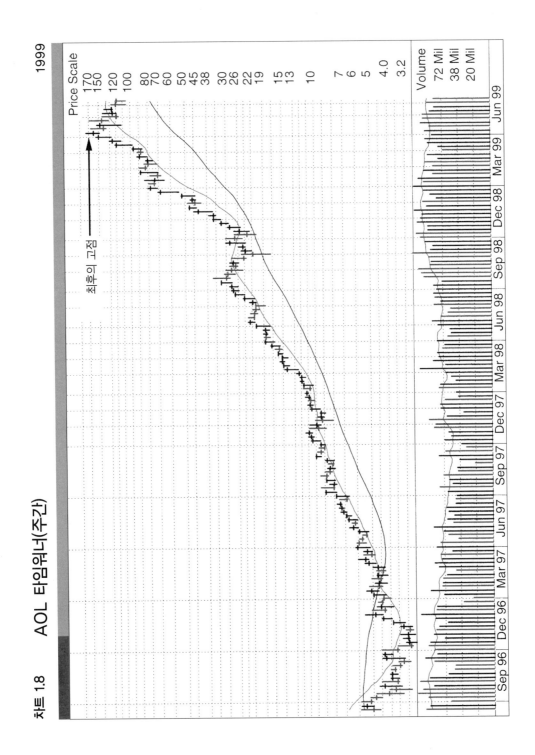

차트 1.8   AOL 타임워너(주간)

차트 1.9   AOL 타임워너(일간)

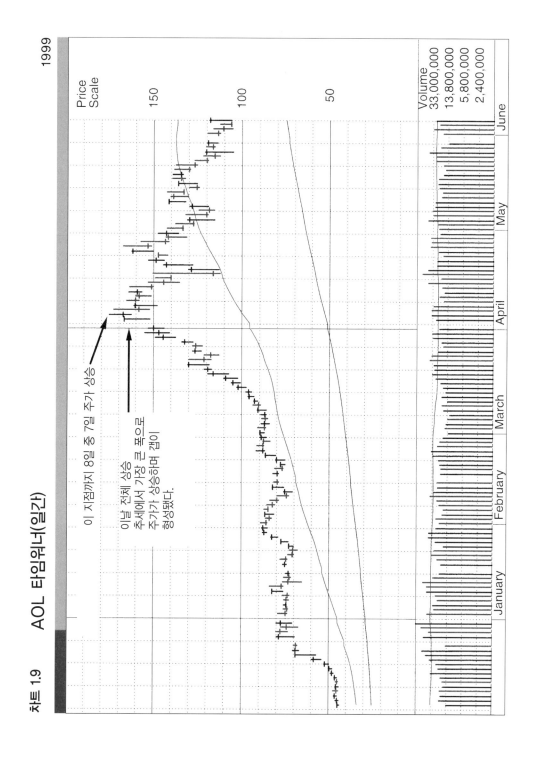

고점 이후 반등 시는 지속성을 확인하라

전체 시장은 천정 근처에서 두세 차례 분산일을 만들면 대개 4일 이상 연속적으로 하락한다. 그러고 나서 며칠 뒤 반등을 시도할 것이다. 이때가 시장의 조건과 동력을 새로운, 보다 낮은 수준에서 평가해볼 수 있는 기회다. 여기서 주목해야 할 것은 시장의 반등이 거래량이 증가하는 가운데 이뤄지는지 여부다.

　단기간 저점을 형성하고 처음으로 3일간 반등했을 때는, 3일 동안 거래량이 많은 가운데 가격이 엄청나게 상승하지 않는 한 신경 쓸 필요가 없다. 시장 평균이 진짜 상승세로 돌아서는 경우라면 '팔로스루 데이'follow-through day가 나타나야 한다. 팔로스루 데이는 거래량이 증가하면서 강력한 주가 상승이 이뤄지는 날로, 85퍼센트의 확률로 반등의 지속 가능성을 보여준다. 대개 반등 시도 후 4~10일 사이에 볼 수 있는데, 적어도 주요 지수 중 하나가 거래량이 전날보다 증가하면서 1.7퍼센트 이상 상승해야 한다.

　하지만 어떤 경우에는 강력한 팔로스루 데이가 나타나고도 시장이 계속 하락할 수 있다. 이런 일은 보통 빠르게 일어나며 며칠이면 알 수 있다. 상승 추세 전환 때 팔로스루 데이를 기다렸다가 확인해야 하는 중요한 이유는 반등이 하루 이틀로 끝나버리는 경우를 피하기 위해서다. 거래량이 감소하면서 가격이 거의 상승하지 않거나, 하루 동안 큰 폭의 반등이 일어난 뒤 가격이 크게 하락하기 시작할 때는 공매도를 할 수 있는 또 다른 적기다. 앞에서 살펴본 차트 1.3은 왜 반등 시도의 최초 3일이 낭패를 가져다줄 수 있는지 보여주는 좋은 사례다. 차트에서 H 이후 시장이 저점에서 벗어나 3일 동안 반등하지만, 더 이상 상승하지 못하고 고개를 수그리는 모습을 확인하라.

　　시장이 반등하면 지수를 보면서 반등이 지속되는지 알아보아야 한다. 반등 시도가 실패하면 일반적으로 공매도 기회를 얻을 수 있다. 차트 1.10에서 나스닥 종합 지수는 상승세로 돌아서고 나서 7일 후 A에서 팔로스루 데이를 형성했다. 반등으로 지수가 약 12퍼센트나 올랐기 때문에 아마도 당신의 숏 포지션은 손실제한주문에 걸려 모두 청산됐을 것이다. 하지만 지수 상승은 B에서 약화되기 시작했다. 거래량이 감소하면서 더 이상 상승을 지속할 수 없게 됐다. C라고 표시된 지점들에서 분산일이 나타나기 시작했으며, 지수는 전저점에 접근하다가 이를 하향 돌파했다.

　　며칠 뒤 지수는 저점을 형성하고 D에서 매우 강력한 팔로스루 데이가 나타났다. 하지만 바로 다음날 상승을 멈추고 다시 하락해 E에 도달했다. 이곳에서는 거래량이 전날보다 증가했다. 다음의 2주 동안 네 차례 분산일이 나타났고 나스닥 종합 지수는 새로운 저점으로 곤두박질 쳤다. 반등 시도가 실패했다는 것을 알기 위해서는 팔로스루 데이에 뒤이어 하루나 이틀의 분산일을 확인하는 것으로 충분하다.

차트 1.10   나스닥 종합 지수(일간): 반등이 지속되지 못하는 상황

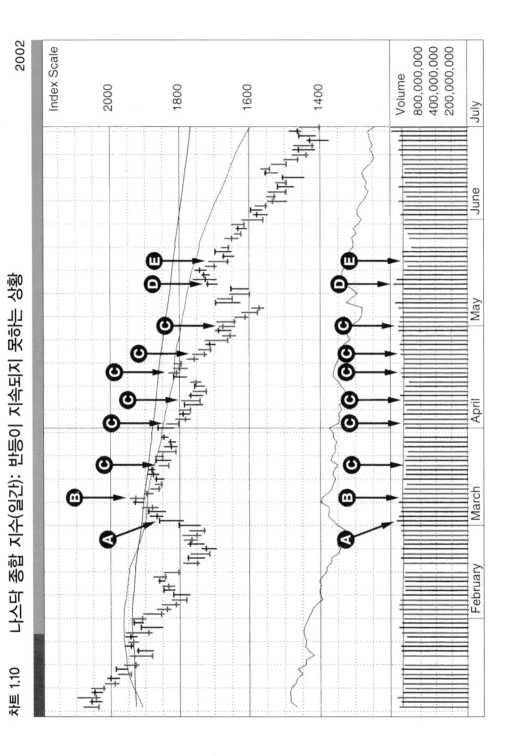

차트 1.11에서 S&P 500은 반등 4일째인 A에서 매우 강력한 팔로스루 데이가 나타났다. 하지만 다시 4일 뒤 B에서 분산일이 나타나면서 반등이 멈추었다. 거래량은 전날보다 증가했지만 종가는 전날보다 하락한 지점이다. 이날 이후로 1주 반 동안 세 차례 더 분산일이 나타났다. 사실 차트 1.11에서는 두세 차례의 실패한 팔로스루 데이를 발견할 수 있다. 내가 말하지 않을 테니 당신이 간단한 연습 삼아 차트를 보면서 직접 찾아보기 바란다.

여기서 우리에게 무엇보다 중요한 점은 실패한 팔로스루 데이가 공매도의 두 번째 적기가 될 수 있다는 것이다. 펀더멘털이 건전한 주식들이 대부분 저점에서 벗어나지 못하고 있는데 그보다 펀더멘털이 취약한 주식에서 팔로스루 데이가 나타날 때는 주의를 기울여야 한다. 대개 실패하는 팔로스루 데이는 이런 경우에 나타난다. 이때는 상승 동력이 취약한 주식들이 반등하면서 위쪽의 저항 영역에 도달하며, 새롭게 치고 나가는 선도주를 볼 수 없다. 올바른 팔로스루 데이에서는 펀더멘털이 건전한 많은 주식들이 강력한 돌파를 일으킨다. 따라서 이런 일이 일어나지 않을 경우에는 해당 종목에서 주가 반등이 더 이상 지속되지 못할 것임을 예상해야 한다.

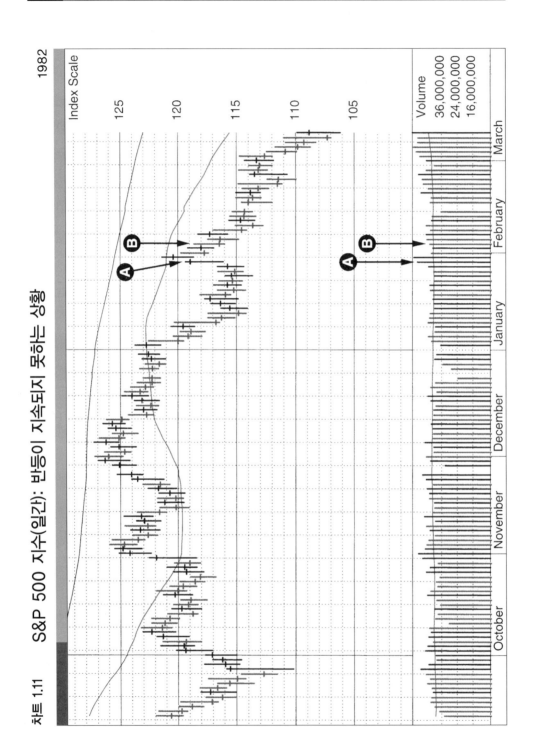

차트 1.11   S&P 500 지수(일간): 반등이 지속되지 못하는 상황   1982

반등의 지속에 실패하는 종목을 주목하라

시장의 천정에서는 저점을 벗어났다가 몇 주 뒤 그 저점을 하락 돌파하는 수많은 주식들을 볼 수 있다. 이 주식들의 차트 패턴을 자세히 들여다보면 사실 대부분 결함이 있는 불완전한 패턴이었음을 알 수 있다. 그러나 전문가들을 포함해 불완전한 저점 패턴과 완전한 저점 패턴을 제대로 구분할 수 있는 투자자들은 거의 없다.

이런 잘못된 패턴 대부분은 다음의 유형 중 하나에 속한다.

① 세 번째 혹은 네 번째의 '말기' 저점: 전체적인 상승 추세가 이어지다가 세 번째 혹은 네 번째 중요한 저점 패턴이 만들어진다. 그러면 모든 사람들이 여기서 다시 상승할 것이라고 생각한다.

② 아래가 좁은 V자를 이루고 있는 컵형: 주가가 곧장 아래로 떨어졌다가 곧바로 회복되면서 이런 형태가 만들어진다. 주가 회복이 빠른 만큼 저점의 각도가 가파르다.

③ 넓고 느슨한 가격 패턴의 저점: 특히 그전에 형성됐던 두세 차례의 저점과 비교해보았을 때 주간 가격 변동 폭이 크다.

④ 상향 쐐기 모양의 손잡이 형태: 손잡이 형태가 아래로 기울어져 있지 않고 상향 쐐기 모양으로 약간 위로 올라가 있는 모양이다. 주중 가장 낮은 종가가 전주의 가장 낮은 종가보다 약간씩 높은 상황이 연속되면서 만들어진다.

⑤ 불완전한 손잡이가 달린 컵형: 손잡이가 전체 컵형의 절반보다 아래쪽 부분에 형성돼 있을 때를 말한다.

이처럼 반등 이후 상승을 지속하는 데 실패할 가능성이 큰 사례들을 보도록 하자.

차트 1.12에서는 말기 저점 패턴의 고전적인 사례를 보여준다. 2001년 6월 칼파인의 주가가 2.60달러에서 60달러 가까이 큰 폭으로 상승하는 동안 몇 차례 저점이 형성되고, 각 저점에서 돌파가 일어나 주가 상승 흐름이 이어졌다. 앞에 있는 다섯 군데의 저점은 상대적으로 견고한 형태를 갖추고 있음을 눈여겨보라. 또 다섯 번째 저점은 모양이 잘 잡힌 '손잡이가 달린 컵형'이다. 둥근 바닥에 손잡이가 아래쪽으로 기울어져 있음을 확인하라.

여섯 번째 저점이 말기 저점 패턴이며, 그전에 형성됐던 저점들보다 넓고 느슨하다는 점에서 상당히 두드러진다. 패턴의 바닥은 진짜 컵처럼 매끈하지도 않다. 주가는 이 부분을 지나며 지그재그로 움직이다가 상승했고, 이어 또 한 번의 돌파를 시도했지만 성공하지 못했다. 그렇다 하더라도 이 무렵 대부분의 투자자들은 이런 저점 패턴을 보고 주가가 다시 상승할 것이 분명하다고 생각한다. 하지만 당신도 알다시피 시장에서는 모두에게 분명해 보인다고 해서 그대로 되는 법은 거의 없다.

칼파인의 주가가 궁극적인 고점에 도달했을 무렵 캘리포니아에는 에너지 위기가 절정에 달해 있었고 또 그 사실이 사람들에게 널리 알려져 있었다는 점은 매우 흥미로운 부분이다. 순차적으로 단전 조치까지 취해졌던 이때의 에너지 위기는 칼파인 같은 에너지주의 상승세를 부추겼다. 저점의 완성과 함께 주변의 이런 상황은 앞으로 주가가 상승할 것이라는 확신을 낳았다. 그러나 차트에서 보듯이 주식시장에서 분명해 보이는 것이 그대로 되는 법은 거의 없다.

차트 1.12   챔피언(주간)

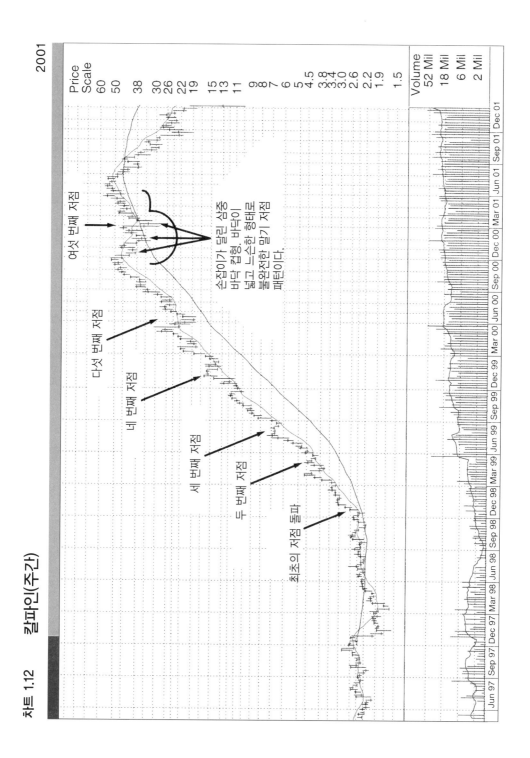

여섯 번째 저점

다섯 번째 저점

네 번째 저점

세 번째 저점

두 번째 저점

최초의 저점 돌파

손잡이가 달린 섯중 바닥 컵형 바닥이 넓고 느슨한 형태로 불완전한 말기 저점 패턴이다.

뉴메리컬 테크놀로지의 차트 1.13은 넓고 느슨하며 불완전한 형태의 저점 패턴에 관한 좋은 예다. 주가가 몇 개의 V자 컵형을 형성하는데 이때 손잡이가 엉성한 모양을 하고 있음을 확인하라. 주가는 마침내 A에 이르러 손잡이가 달린 V자 컵형에서 돌파를 시도하다가 아래로 곤두박질 친다.

어플라이드 마이크로 서킷의 주가(차트 1.14)는 1998~99년의 강세장에서 모양이 잘 갖춰진 상향 추세대를 형성하며 줄곧 오름세를 유지해 큰 폭의 상승을 가져왔다. 하지만 A로 표시된 가격 영역에 진입하자 상승 동력이 떨어졌다는 신호가 나타났다. 주가는 큰 폭으로 요동치면서 저점 패턴을 돌파하려고 시도했다. 주간 가격의 변동 범위가 상승 추세 동안의 가격 범위와 비교해보았을 때 무척 넓다는 사실에 유의하라. 궁극적으로 주가는 이 패턴에서 돌파를 시도하다 실패하고 두 번째 저점을 형성했다. 두 번째 저점 역시 손잡이가 달린 컵형인데 깊이가 50퍼센트 이상이며 손잡이가 패턴의 절반보다 아래쪽에 위치하고 있는 불완전한 형태다. 그 뒤 주가는 이 불완전한 저점 패턴에서 돌파를 시도하다가 완전히 실패해 다음 11주 동안 무려 85퍼센트나 하락했다.

찰스 스왑의 주가(차트 1.15)는 A에서 천정을 친 뒤 두 개의 저점을 형성하면서 안정을 찾았다. 하지만 이 두 개의 저점 모두 불완전한 형태다. 첫 번째의 손잡이가 달린 컵형은 손잡이가 패턴의 절반보다 아래쪽에서 형성돼 있다(B). 그 뒤 돌파가 일어나 주가는 4주 동안 상승했으나 곧 하락해 또 다른 손잡이가 달린 컵형을 만들었다. 이번에도 역시 손잡이가 패턴의 절반보다 아래쪽에 자리하고 있다(C). 여기서 다시 돌파가 일어나지만 주가가 컵형의 오른쪽으로 진행하는 동안 거래량은 거의 늘어나지 않았다. 이는 이 지점에서 주가의 상승 동력이 떨어졌고 매수세가 부족함을 보여준다. 몇 주 뒤 주가는 하락세가 형성돼 결국 1998년 10월의 돌파 시점으로까지 떨어졌다.

차트 1.13   뉴메리컬 테크놀로지(주간)

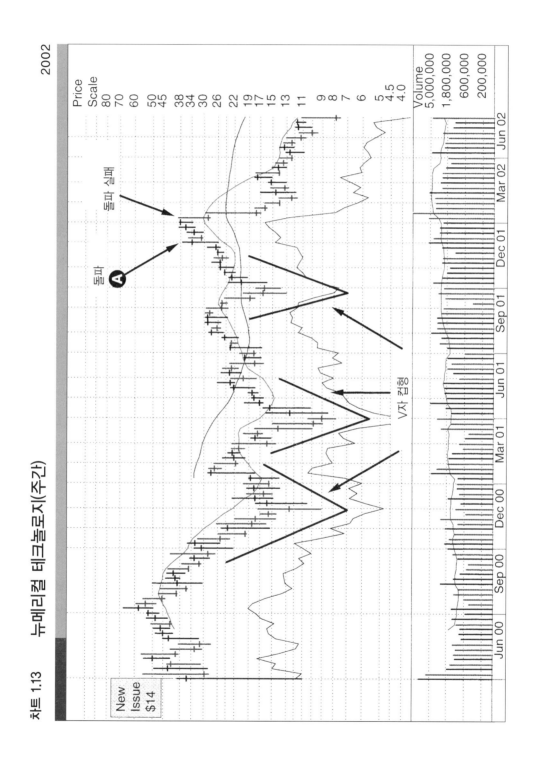

New Issue $14

돌파 실패

돌파

A

V자 컨양

Price Scale
80
70
60
50
45
38
34
30
26
22
19
17
15
13
11
9
8
7
6
5
4.5
4.0

Volume
5,000,000
1,800,000
600,000
200,000

Jun 00 Sep 00 Dec 00 Mar 01 Jun 01 Sep 01 Dec 01 Mar 02 Jun 02

2002

차트 1.14   어플라이드 마이크로 서킷(주간)

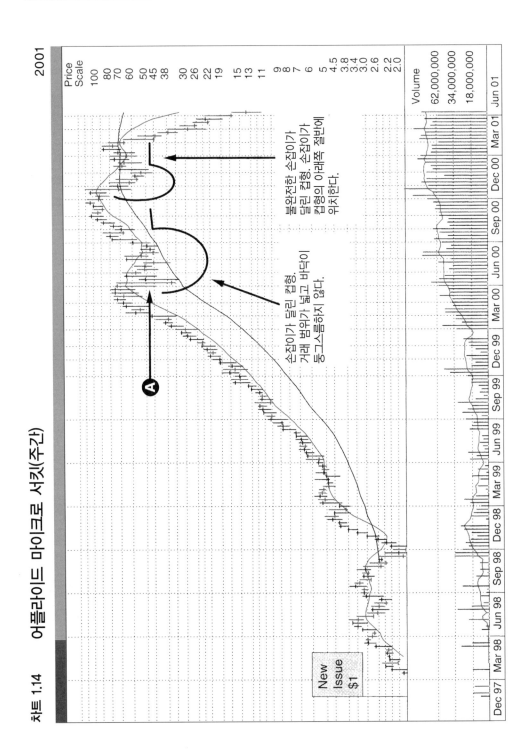

불완전한 순점이가
달린 컵은 컵형. 순점이가
컵형의 아래쪽 절반에
위치한다.

순점이가 달린 컵형.
거래 범위가 넓고 바닥이
둥그스름하지 않다.

차트 1.15   찰스 스왑(주간)   2001

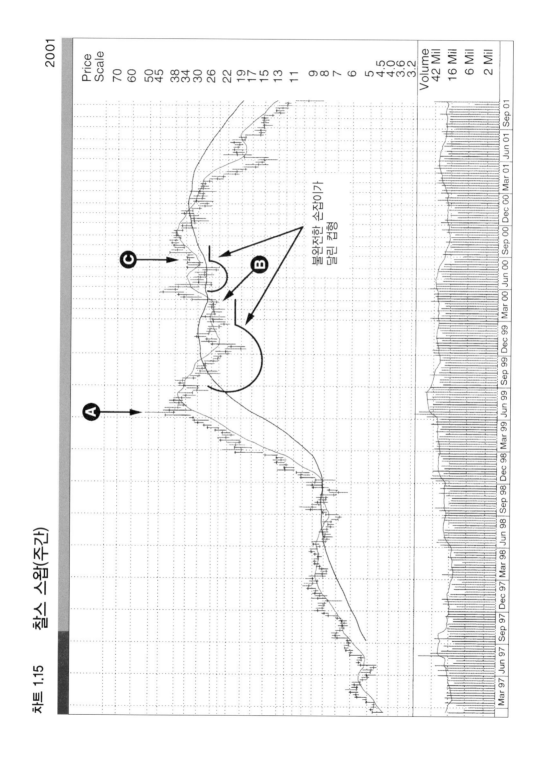

불완전하게 손잡이가
달린 컵형

50일 이동평균선이 무너지는 사례

차트 1.16과 1.17에서는 루슨트 테크놀로지와 C-cor 주식의 50일 이동평균선이 무너지는 사례를 볼 수 있다. 이런 이탈은 일간 차트 또는 주간 차트에서 확인할 수 있다. 노련한 공매도 거래자들은 주가가 언제 큰 폭으로 떨어질지 판단할 때 두 가지 차트를 모두 관찰한다.

루슨트 테크놀로지의 일간 차트(차트 1.16)는 최적의 공매도 시점을 매우 정확하게 보여주고 있다. 하락 거래량이 상당한 가운데 주가가 200일 이동평균선과 50일 이동평균선을 아래로 뚫고 폭락했을 때가 최적의 공매도 시점이다. 그보다 앞에서는 거래량이 많은 가운데 주가가 천정에서 처음으로 대폭 하락했다. 그 후 다섯 번째로 반등이 일어나 주가가 50일 이동평균선을 넘고 나서 다시 폭락이 일어난 것이다. 이런 다섯 번째 주가 반등은 4일간 지속됐다. 네 번째 날은 4일의 반등일 가운데 거래량이 가장 많았다. 이 마지막 날은 인상적이었지만, 실제로 주가는 상승을 멈추었다는 신호를 보여주었다. 이날 일일 거래 범위의 중간에서 종가를 기록했기 때문이다.

C-cor의 주간 차트(차트 1.17)는 커다란 머리어깨형을 보여준다. 공매도 적기는 주가가 오른쪽 어깨를 타고 내려갔을 때다. 이때 거래량이 갑자기 크게 증가했으며 주가는 50일 이동평균선 아래로 내려갔다. 이후 주가가 마지막으로 50일 이동평균선 위로 반등했지만, 이때 거래량이 지난 1년 중 가장 적었다는 사실을 눈여겨보라. 마지막 반등이 매수세가 감소하는 가운데 일어났다는 것은 주가의 상승 동력이 더 이상 지속되지 않으리라는 신호였다.

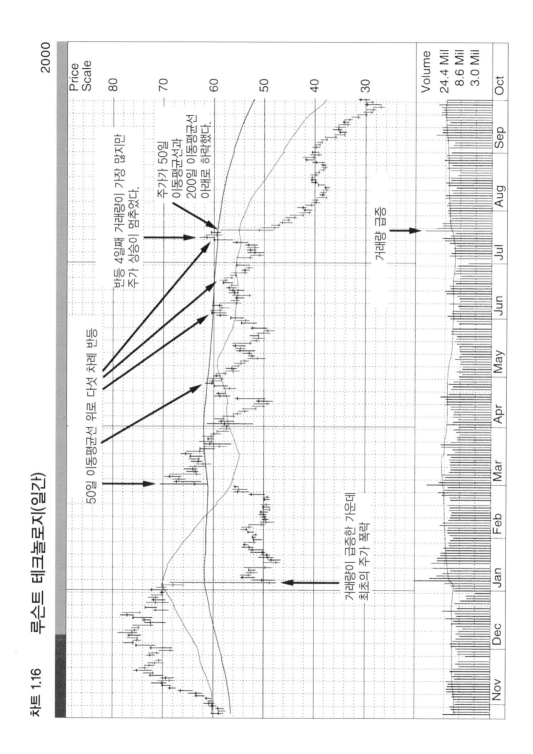

차트 1.16　**루슨트 테크놀로지(일간)**

차트 1.17　　C-cor(주간)

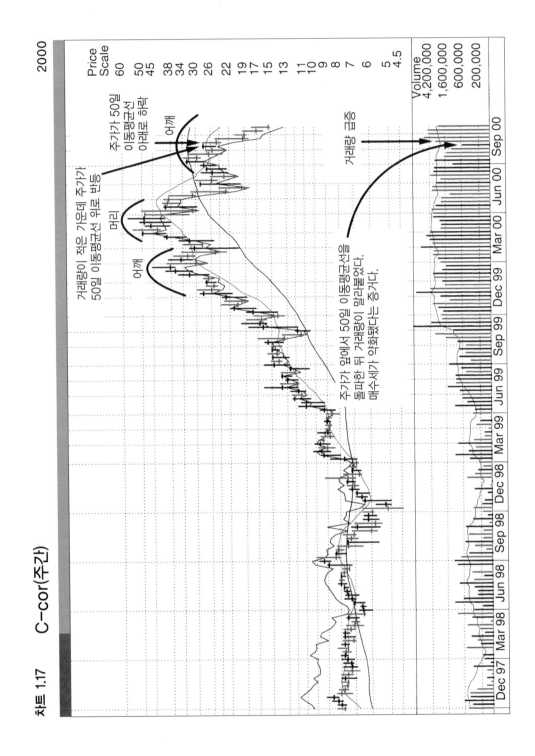

Price Scale
60
50
45
38
34
30
26
22
19
17
15
13
11
10
9
8
7
6
5
4.5

Volume
4,200,000
1,600,000
600,000
200,000

주가가 50일 이동평균선 아래로 하락

어깨

거래량이 적은 가운데 주가가 50일 이동평균선 위로 반등

머리

어깨

거래량 급증

주가가 앞에서 50일 이동평균선을 돌파한 뒤 거래량이 말라붙었다. 매수세가 약화됐다는 증거다.

Dec 97　Mar 98　Jun 98　Sep 98　Dec 98　Mar 99　Jun 99　Sep 99　Dec 99　Mar 00　Jun 00　Sep 00

2000

매물 벽의 사례

다음의 예에서 보는 주가 움직임은 '매물 벽' 때문에 생기는 것이다. 공매도 거래 가능성을 분석할 때 매물 벽은 매우 중요하다. 당신은 차트를 보며 주식 보유자들이 매도하고 싶어하는 매물 벽의 가격 영역을 판단할 수 있어야 한다. 매물 벽은 차트상에서 일정 기간 동안 현재의 거래가 이상으로 매매됐던 가격 영역으로 정의된다. 주가가 반등해 이 영역으로 들어가면, 이 매물 벽에서 주식을 샀다가 하락의 고통을 경험했던 투자자들은 '빚을 갚아주기' 위해 주식을 팔아치운다.

　　AOL 타임워너의 주간 차트(차트 1.18)를 보면, 주가가 A에서 강력한 매물 벽을 뚫기 위해 애쓰다가 결국 새로운 저점으로 떨어졌음을 알 수 있다. 차트 1.19를 보면 큐로직의 주가는 폭락 후 반등을 시도했지만 A에서 매물 벽을 만났다. 그래서 주가는 새로운 저점으로 떨어졌다. 두 번째 반등 시도도 B에서 비슷한 운명을 만났다.

차트 1.18   AOL 타임워너(주간)

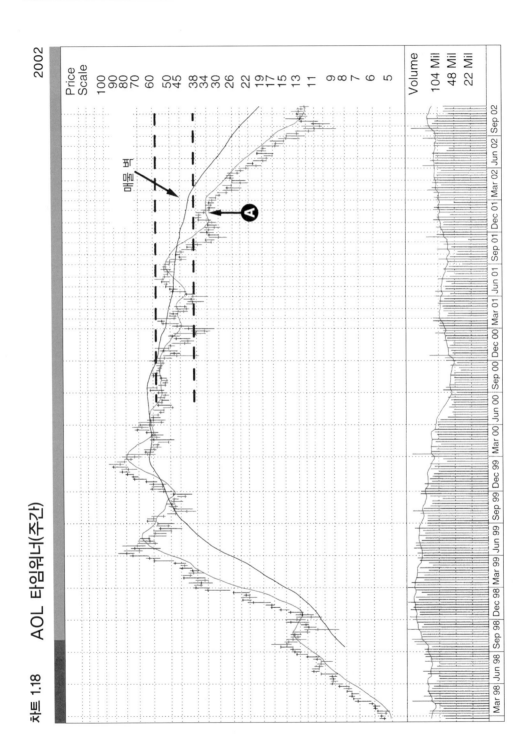

차트 1.19   큐로직(주간)

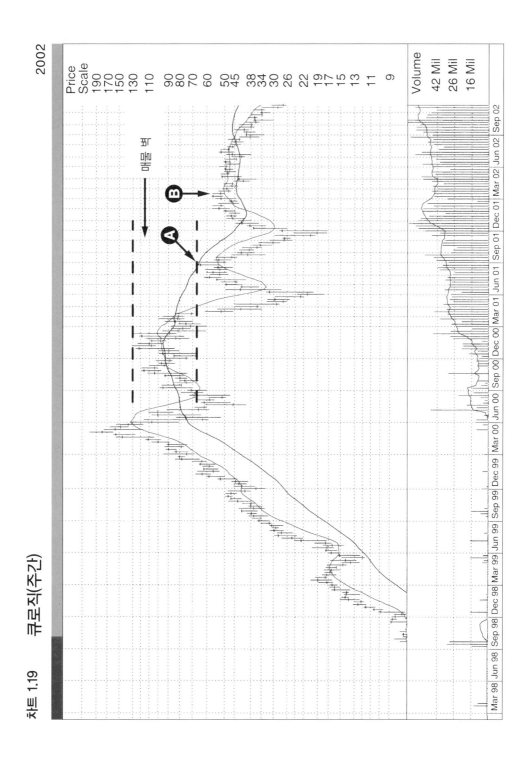

머리어깨형의 사례

공매도 기회를 제공하는 고전적인 패턴은 '머리어깨형'이다. 당신은 머리어깨형에 대해 들어보았을 것이다. 가운데에 '머리'가 있고 양쪽에 '어깨'가 있는 형태라서 이런 이름이 붙었다. 교과서적인 머리어깨형에서는 오른쪽 어깨가 왼쪽 어깨보다 낮아야 하고, 전체적인 거래량 흐름을 볼 때 패턴의 왼쪽에서 오른쪽으로 갈수록 증가해야 한다. 하지만 실제로 꼭 그럴 필요는 없다. 1.20과 1.21의 차트를 보라. 머리어깨형의 저가를 따라 추세선을 그리면 '목선'이 만들어진다. 하지만 목선과 오른쪽 어깨가 만나는 지점에서 공매도를 하는 것은 보통 너무나 뻔하기 때문에, 우리는 주가가 50일 이동평균선 아래로 내려가는 때를 공매도 적기로 정한다.

주가 시세를 주의 깊게 관찰하면 종종 최초의 주가 폭락 후, 거래량이 많은 가운데 엄청난 힘을 받으며 주가가 상승하는 때가 있음을 경험적으로 알 것이다. 이런 일은 때때로 머리어깨형의 오른쪽 어깨에서 두세 번의 반등 시도가 끝날 무렵 일어난다. 그러면 시점을 잘못 잡은 공매도 거래자들은 된통 당할 수밖에 없다. 이런 상향 후퇴가 일어나면 '실속 없는' 매수를 한 셈이지만, 어쨌든 공매도 거래자들에게도 이에 대한 책임이 있다고 하겠다.

과거에 선도주였다가 천정을 치고 큰 폭으로 하락한 주식들의 차트를 연구하라. 과거의 시장에는 현재의 모델로 삼을 만한 많은 주식들이 있다. 과거에 일어난 일은 언젠가 다시 일어나는 법이다. 알다시피 주식시장은 역사가 수백 년이다. 공매도에서는 적절한 시기가 다른 어떤 요소보다 중요하다. 따라서 적기를 파악하는 데 모든 노력의 80퍼센트를 쏟아부어야 한다.

차트 1.20   IDEC 제약(주간)

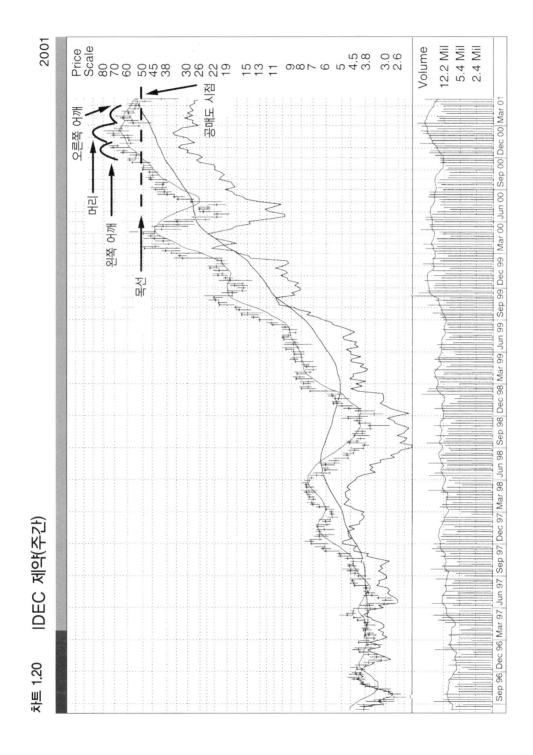

2001

Price Scale
80
70
60
50
45
38
30
26
22
19
15
13
11
9
8
7
6
5
4.5
3.8
3.0
2.6

오른쪽 어깨
머리
왼쪽 어깨
목선
공매도 시점

Volume
12.2 Mil
5.4 Mil
2.4 Mil

Sep 96 | Dec 96 | Mar 97 | Jun 97 | Sep 97 | Dec 97 | Mar 98 | Jun 98 | Sep 98 | Dec 98 | Mar 99 | Jun 99 | Sep 99 | Dec 99 | Mar 00 | Jun 00 | Sep 00 | Dec 00 | Mar 01

차트 1.21   팀버랜드(주간)

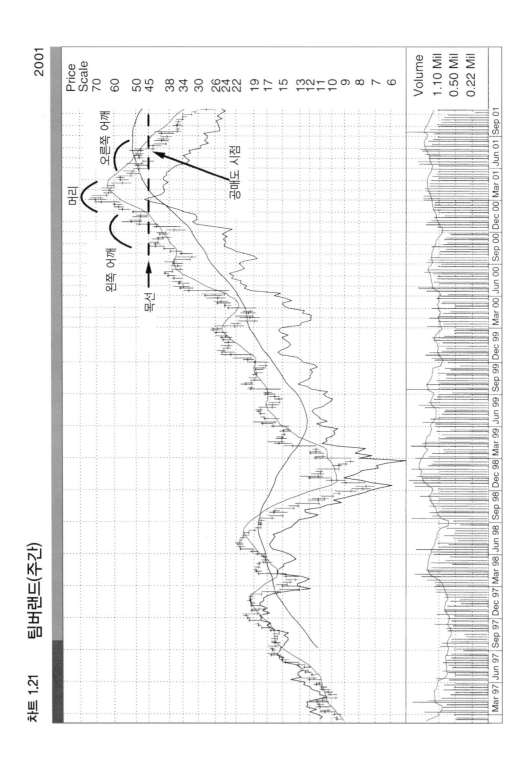

공매도의 지정가 주문 설정

약세장에서 공매도 거래를 할 때는 가장 나중에 거래된 가격으로부터 0.5포인트 정도 아래에 가격 제한을 두는 게 가장 좋다. 예컨대 가장 나중 거래가가 50달러 였다면, 49.50달러에 가격 제한을 둘 수 있다. 이런 식으로 지정가 주문을 내어 주가가 49.50달러로 내려갈 때까지는 어느 가격에서든 공매도를 하지만, 그 이하의 가격에서는 주문이 이뤄지지 않게 해야 한다. 그러면 주가가 큰 폭으로 하락할 경우 생각했던 가격보다 1~2포인트 아래에서 공매도되는 일을 막을 수 있다. 하지만 전체 시장이 상승하고 있을 때는 보통 공매도 주문을 시장가로 하는 게 더 낫다. 우리의 목적은 공매도로 숏 포지션을 취하는 것이지 10 혹은 20센트를 더 벌자는 것이 아니기 때문이다. 제때 주문을 내지 못해 시장의 흐름을 놓치면, 공매도 주문을 아예 해보지도 못할 수 있다.

또한 당신이 지금까지 한 각 거래에서 시점 분석을 해보기 바란다. 지난 2년 동안 각 주식을 언제 어디서 사고팔았는지 빨간 펜으로 차트에 점을 찍어보라. 어떤 주식을 어떤 때 사고팔아야 하는지에 대해, 자신의 결정과 실수를 객관적으로 분석한다면 시장에서 배울 수 있는 그 어떤 것보다 더 많은 것을 배울 것이다. 당신은 똑똑해져야 한다. 무엇을 잘했고 무엇을 못했는지 찾아라. 이런 시점 분석이 당신이 현명한 매수와 매도, 그리고 공매도를 할 수 있게 해줄 것이다.

언제 환매해야 하는가

공매도를 하기 전에 가격이 얼마에 이르렀을 때 숏 포지션을 청산할지 그리고 주가 반등 시 어느 때 손절매를 할지 정해두어야 한다. 대체로 손절매해야 하는 한계액은 롱 포지션(미래에 가격이 상승할 것으로 예상하여 주식을 매수할 때를 롱 포지션, 가격이 하락할 것으로 예상하여 공매도하는 것을 숏 포지션을 취한다고 한다. - 편집자 주)에 적용되는 손실 제한액 8퍼센트보다 좀 더 낮아야 한다. 그러면 당신은 적기에 정확하게 공매도를 하기 위해 보다 세심한 신경을 쓸 수밖에 없을 것이다. 공매도 시기를 잘못 선택하면, 주가는 금세 15~25퍼센트나 상승해버리기도 한다. 매수에 나선 투자 전문가들이 공매도 물량을 빨아들이면 그렇게 된다. 시간이 흘러 궁극적으로는 그보다 훨씬 더 하락한다고 해도 당장에는 그런 일이 일어날 수 있다.

기관주들이 엄청난 거래량을 동반한 채 충분한 힘을 받고 반등하며 전체 시장에도 반등 기미가 확산된다면, 원래 정해두었던 환매 가격에 도달할 때까지 기다리지 말고 가능한 한 빨리 숏 포지션을 청산하는 게 낫다. 특히 한동안 하락세를 탄 뒤 팔로스루 데이가 나타나면서 시장이 상승세로 바뀔 기미를 보였을 때, 숏 포지션을 청산하려는 단호한 행동이 없으면 큰 손실을 볼 수 있다. 전체 시장의 방향에 거스를 가능성이 있다면 재빨리 행동에 나서야 한다. 일단 팔로스루 데이가 나타나면 대규모 추세 반전이 일어날 수 있다. 주식시장에서는 빠른 자만 살아남는다.

시장이 지속적으로 하락해왔다면, 언젠가는 나쁜 소식이 주식시장을 강타하거나 아니면 몇몇 종목의 주식들이 늦추어져왔던 하락세를 시작하는 날이 오기 마련이다. 몇몇 주식이 하락갭을 형성하거나 전날의 종가에서 큰 폭으로 떨어지거나, 아니면 시장이 당일 큰 폭으로 하락할 수도 있다. 갑작스런 하락갭이 일어나면 대개 풋콜 비율이나 시카고 옵션 거래소 변동성 지수 VIX 같은 지수들이 높은 값을 나타낸다. 풋콜 비율이 1.0 이상이면 시장의 장단기 저점에 대한 과도한 두려움이 존재함을 나타내는 것이고, VIX가 40 이상이며 60~70까지 치솟으면 역시 바닥에 대한 공포감이 존재한다는 것이다. 이때는 시장이 약세이거나 패닉 상태에 있는 동안 주식을 되사 숏 포지션을 청산할 수 있는 적기라 할 수 있다. 숏 포지션을 청산할 때는 시장가로 주식을 되사야 한다. 숏 포지션 규모가 크면 시장이 약세에 있을 동안 되사는 게 훨씬 더 중요한 문제가 된다.

일부 투자자들은 공매도 거래를 할 경우 다음과 같은 금언을 따라야 한다고 말한다. '신속히 손절매하고 수익을 극대화하라.' 하지만 내가 발견할 사실에 따르면 공매도를 할 때는 '더욱 더' 신속히 손절매를 해야 하고 주식이 특정한 목표 가격에 도달하면 '즉각' 차익을 실현해야 한다. 그 이유는 약세장은 매우 신속하게 뒤바뀌고 오래가지 않는 경향이 있기 때문이다. 당신은 갑작스런 주가 급등에 휘말릴 수 있고, 그러면 이제까지 공매도 거래로 벌어들인 수익이 모두 날아가 버릴 것이다. 차익 실현을 위한 수익률은 손절매를 위한 손해율보다 적어도 두 배가 넘어야 한다. 그러면 한 번 성공하고 두 번 실패한다고 해도 자금 부족 문제를 겪지 않을 것이다.

또 다른 투자자들은 공매도 후 수익이 불어나기 시작하면, 손실제한주문(주식이 특정한 가격에 도달하면 자동적으로 매도나 매수가 이뤄지도록 하는 주문)을 이용해야 한다고 말한다. 그들은 주가가 하락하는 데 따라 손실제한매수 주문 가격을 낮추라고 한다. 이것은 '추적 청산'trailing stop이라는 이름으로 알려져 있다. 그러나 나는 이 방법이 가장 좋은 기법이라고 생각하지는 않는다. 이 방법을 이용하면 정상적인 주가 변동이나 반등에도 너무 자주 시장에서 나오게 된다(공매도 중인 주식이 환매돼 숏 포지션이 청산된다). 이러면 손실도 적지만 수익도 적다.

방향을 잘못 짚었을 때나 공매도를 하기 전에 정해둔 최대 손실액에 도달하면 손절매를 하는 게 더 나은 방법이다. 수익이 날 때도, 주가가 하락해서 원래 정해두었던 가격 목표점에 도달할 경우에는 차익을 실현하고 주식을 환매하는 게 좋다. 어떤 특정한 숏 포지션으로 20~30퍼센트의 수익을 내면, 전체 아니면 적어도 상당 부분을 취하는 게 좋다. 그렇지 않으면 수익의 많은 부분을 게워내야 하는 경우가 생길 수 있다.

공매도를 하지 말아야 하는 주식

자본 총액이 크지 않거나(예컨대 발행 주식의 수가 적은 종목과 유통 주식의 수가 적은 종목) 거래량이 적은 회사의 주식을 공매도하는 것은 매우 위험하다. 시장이 갑자기 상승세로 바뀌면, 수가 적은 주식은 매수세가 조금만 있더라도 금세 큰 폭으로 상승해 공매도 거래자들에게 큰 손실을 안겨주는 경향이 있다. 추세 전환을 정확히 예측하는 것도 힘든 일이다. 왜냐하면 자주 거래되지 않기 때문이다. 하루에 100만~1,000만 주가 거래되거나 기관이 보유하고 있는 주식들을 선택하는 것이 더 좋다.

단순히 주가나 주가 수익률이 '너무 높은 것 같다'는 이유로 공매도를 해서는 안 된다. 어떤 규칙이나 시스템을 만들어 이에 따라 거래를 하는 게 좋다. 개인적인 생각이나 감정에 따라 마구 주문을 내는 일은 삼가고 규칙과 시스템을 고수하라. 가격이 새로운 고가 영역에 들어갔을 때 공매도를 하는 것 역시 자살 행위가 될 수 있다. 2003년 5월 내가 아는 한 재정 관리사가 뉴스 방송에 나와 30달러 중반의 가격대에 있는 제트 블루 항공사의 주식을 공매도하고 있다고 자신 있게 말한 적이 있다. 주식의 가치를 따져보면 '실은 20달러 중반'의 가격이 적정하기 때문이라는 것이었다. 하지만 17주 뒤 그 주식은 주당 70달러 윗선에서 거래되고 있었다! 주가 흐름의 불가사의한 성격을 잘 보여주는 사례다.

당신이 해야 할 일은 시장과 씨름하는 것이 아니다. 연구하고, 시장이 언제 약해지는지 파악하고, 그런 다음 추세를 따라가야 하는 것이다. 또한 어떤 회사가 '나쁜 소식'을 발표할 것이라는 소문을 듣고 공매도를 해서는 안 된다. '나쁜 소식'이 알려진다고 하더라도 주가가 실제로는 상승할 가능성이 크다.

또한 기술적 지표에서 주식이 '과다 매수' 상태임을 가리킨다고 해서 그 주식을 공매도해서는 안 된다. 이런 하나의 지수에 의존해 공매도 시점을 결정하는 것은 매우 위험하다. 대개 과다 매수 상태의 주식은 주가가 상승하는 동안 며칠 혹은 몇 주에 걸쳐 그 상태를 지속한다. 이때 공매도를 했다면 당신은 숏 스퀴즈 때문에 큰 손실을 볼지 모른다.

2003년 3월 우리의 기관 고객 중 일부가 새로운 '과다 매수/과다 매도' overbought/oversold 지표를 이용하고 있었다. 이 지표에서는 몇몇 과다 매수 상태의 주식을 처분하라는 신호를 보냈는데 그중 하나가 이베이의 주식이었다. 이 지표에 따르면 이베이 주식은 80달러의 가격선에서 과다 매수 상태에 있었다. 하지만 몇 주 뒤 이 주식은 110달러 이상의 가격으로 거래되고 있었다.

또 다른 흔한 잘못을 보자면 투자자들은 보유하고 있던 주식을 처분한 뒤 이따금 그 주식을 공매도할 생각까지 한다. 일반적으로 이것은 현명한 생각이 아니다. 매도가 옳은 결정이었다고 해도 그 시점에서 해당 주식을 공매도하는 게 좋다는 것을 뜻하지는 않는다. 이와 비슷하게, 공매도했던 주식을 환매해 숏 포지션을 청산할 때도 그 시점에서 주식을 매수해 롱 포지션을 취하는 것이 언제나 현명한 행동이 되지는 않는다.

마지막으로 너무 많은 주식을 너무 단기간에 공매도하는 것은 현명하지 못하다. 많은 주식을 공매도하기 전에 시간을 두고 하나둘씩 거래를 해나가는 게 좋다. 인내심을 가져라. 시장이 당신에게 제대로 된 길을 가고 있는 것인지 말해줄 때까지 기다려라. 이렇게 조심하면 전체 시장의 흐름을 잘못 읽거나 아니면 공매도 시점을 잘못 택함으로써 많은 포지션을 취해 큰 손실을 보는 일을 피할 수 있다.

대중과 똑같이 행동하지 말라

주변에 있는 모든 사람들이 공매도를 해야 한다고 생각하고 정말로 그렇게 한다면, 당신은 오히려 숏 포지션을 청산해야 한다. 왜냐하면 대중들이 행동에 나서는 때는 이미 늦은 때이고, 시기적으로 옳지 않을 것이 분명하기 때문이다. 당신이 혼자 알아서 거래하는 게 훨씬 낫다. 공매도할 주식의 선택과 타이밍에 관한 자신의 연구와 분석을 믿어라. 주식시장에서는 군중을 따라하다가 잘되는 일이 거의 없다.

주가가 내려갈 것이라고 생각하는데 시장에서 보통주를 팔고 싶지 않거나 시장에서 공매도 거래를 하기가 어려울 경우 풋 옵션을 이용할 수 있다. 풋 옵션

또는 콜 옵션을 매입하려면 주식의 경우와 마찬가지로 그전에 적어도 원주의 수익과 가격 차트를 조사해보아야 한다. 또한 풋 옵션을 이용하려면, 옵션 거래에 투자하는 돈을 전체 투자 계정의 일부로 제한해야 한다. 신중한 투자자나 거래자는 자본 전체 혹은 대부분을 옵션에 거는 일은 하지 않는다.

리스크는 언제나 존재한다

마지막으로 모든 주식은 투기의 대상이 될 수 있으며 상당한 위험을 수반한다는 사실을 기억하라. 리스크와 상당한 손실 가능성을 피하기 위해서는 많은 사소한 손실을 기꺼이 받아들일 줄 알아야 한다. 예기치 않은 재해에 대비해 지불하는 보험료로 생각하라. 버나드 바루크는 이렇게 말했다. "투자자의 판단이 반쯤 옳다면 그는 평균적으로 상당한 수익을 낼 것이다. 열 번 중에 서너 번만 옳다 하더라도 큰돈을 벌 수 있을 것이다. 판단이 틀렸을 때 신속하게 손절매할 수 있다면 말이다."

공매도 거래 체크리스트

공매도 거래의 원칙을 다시 한 번 살펴보자. 큰 기대를 품고 처음으로 공매도 거래를 하기 전에 다음의 체크리스트를 차분히 읽어보기 바란다.

1. 전체 시장이 하락 추세여야 한다. 하락 추세 초기라면 더 좋다. 강세장에서의 공매도는 성공할 가능성이 높지 않다. 또한 약세장 끝물에서 공매도를 하면 시장이 갑자기 새로운 강세장의 단계로 진입할 경우 위험해질 수 있다.

2. 공매도 거래에 적당한 주식은 상대적으로 유동성이 풍부한 주식이다. 이런 주식은 일일 거래량이 충분하기 때문에 갑작스런 주가 상승에 영향을 받지 않는다. 거래량이 적으면 예기치 않게 매수자들이 몰려들 경우 숏 스퀴즈가 발생할 수 있다. 일일 평균 거래량이 백만 주 이상이면 유동성에 관한 요구조건을 만족시킨다 하겠다.

3. 이전의 강세장에서 선도주 역할을 했던 주식을 공매도하라. 약세장에서 최상
   의 공매도 기회를 제공하는 주식들은 이전의 강세장을 이끌며 큰 폭으로 상
   승한 주식들이다.

4. 머리어깨형 아니면 넓고 느슨하며 불완전한 말기 저점 패턴을 찾아라. 이 두
   패턴은 공매도 거래에 가장 적당한 차트 패턴이다.

5. 절대적 고점 후 5~7개월 아니면 그 이상이 지난 과거의 선도주를 공매도하
   라. 대개 최적의 공매도 시점은 50일 이동평균선이 200일 이동평균선 아래로
   내려간 때다. 이른바 '블랙크로스'black cross다. 블랙 크로스가 발생하는 데는
   수개월이 걸릴 수 있다. 일단 과거의 선도주가 천정을 치면, 주가를 면밀히
   관찰하면서 최적의 공매도 시기가 왔을 때 행동에 나설 수 있도록 준비하라.

6. 20~30퍼센트의 수익률을 목표로 삼고 자주 차익 실현을 하라!

현명한 투자자들에게 외치는 경고!

시장이 1년 반~2년 혹은 그 이상 하락세에 있었고, 과거의 강세장에서 선도
주 역할을 했던 많은 주식들이 강세장의 고점에서 70~90퍼센트 혹은 그 이
상 하락했다면 당신은 공매도 거래를 하지 말아야 한다. 파티에 이미 한참 늦
었기 때문이다. 약세장의 늦은 단계에서 공매도를 하면 재앙 수준은 아니라
고 해도 무척 위험해질 수 있다. 공매도를 결정할 때는 늘 극도로 신중해야
한다. 약세장의 시작을 너무 늦게 깨달은 뒤 뻔한 상황에서 단순히 대중들과
똑같이 행동할 때는 특히 조심해야 한다. 다른 말로 하자면 주식시장이 한동
안 큰 폭으로 하락했고, 당신이 이제 공매도로 돈을 벌어보려고 이 책을 샀다
면 부디 조심하라는 것이다.

공매도 거래의 해부

02

HOW TO
MAKE
MONEY
SELLING
STOCKS
SHORT

이제 공매도 거래의 기본에 대해 알아보았으니, 실제 사례들을 분석하면서 거래를 할 때 정확히 무엇을 찾아야 하는지 보기로 하자.

뛰어난 공매도 거래는 뛰어난 매수 거래에서부터 시작된다. 주식시장이 미국 경제를 거울처럼 반영하는 한, 우리는 미국 경제에서 관찰되는 생성과 소멸의 정직한 사이클이 주식시장에도 존재할 것이라고 예상할 수 있다. 이는 상승 주기에 큰 폭으로 오른 많은 주식들이 그 뒤의 하락 주기에서는 좋은 공매도 대상이 된다는 사실에 의해 입증된다. 이렇게 활발하게 움직이는 주식들에게는 라이프 사이클이 있어 처음의 상승 주기에 나중의 하락 주기가 뒤따른다고 말할 수 있을 것이다.

상승 주기 동안 큰 폭으로 오르는 주식은 새로 생겼든 기존에 있었던 새로운 제품, 새로운 경영, 새로운 산업 조건과 함께 새로운 성장의 주기를 견인하는 회사의 주식일 가능성이 크다. 뮤추얼 펀드나 연금, 기금 같은 기관 투자가들은 이런 회사에 대해 조사하고, 이런 회사의 주식을 매수하기 시작한다. 성장의 절정기에 계속 주식을 매수하면 주가는 계속 상승한다. 이 시기에 주가는 몇 차례 밀집 구간과 저점을 형성하며, 새로운 저점을 돌파할 때마다 더 많은 투자자들에게 더 많은 관심을 끈다.

상승 추세에서 마침내 주가가 서너 개 혹은 그 이상의 저점을 형성하면 모든 사람들이 그 주식을 원하게 된다. 이런 주가 상승의 말기에, 몇몇 월스트리트 애널리스트들은 그 주식의 가격 목표점을 상향 조정하곤 한다. 또 방송과 인쇄

매체에 몇 차례 소개되기도 한다. 이제 당신은 다른 사람들이 그 주식에 얘기하는 것을 듣기 시작한다. 그 주식이 모든 사람들의 선망의 대상이 되고, 모든 사람들이 그 주식에 대해 떠들고 돌아다닐 때 그 주식은 천정을 친다.

약세장이 공매도를 할 수 있는 최상의 기회를 제공하는 것은 사실이지만, 때로 중간의 조정 때 공매도로 돈을 벌 수 있다는 것도 알아두어야 할 것이다. 대부분의 강세장은 최초의 가파른 상승 구간과 뒤이은 조정기, 그리고 다소 덜 가파른 그 뒤의 두 번째 상승 구간과 마지막 천정으로 이뤄져 있다. 중간의 조정이 얼마나 심한가에 따라, 강세장의 최초 상승 구간에서 장을 주도했던 일부 선도주들은 중간의 조정 구간에서 공매도 후보가 될 수 있다. 예컨대 1995~97년 강세장의 최초 상승 구간인 1995~96년 초는 씨큐브 마이크로시스템즈의 주식이 주도했는데, 이 회사의 주가는 1995년 말에서 1996년 초 사이에 천정을 치고 몇 차례 좋은 공매도 기회를 제공했다. 이와 비슷하게 중국 인터넷주와 산업주, 미국의 교육주 그리고 옴니비전 테크놀로지 같은 일부 기술주들은 2004년에 아주 좋은 공매도 대상이 됐다.

머리어깨형에서의 공매도

이제 기본적인 공매도 거래 시나리오를 보도록 하자.

그림 2.1은 머리어깨형에서 공매도를 어떻게 하는지 보여주는 모식도다. ①에서 보면, 주가가 사상 최고치를 기록하고 난 뒤 엄청난 거래량과 함께 하락하면서 천정이 형성됐다. 거래량이 크게 증가하면서 큰 폭으로 주가가 하락했다는 사실은 대규모 분산이 일어났다는 신호다. 일반적으로 이런 일은 두 가지 경우에 일어날 수 있다. 주가가 불완전한 말기 저점 패턴을 돌파하다가 실패하면서 하락할 때, 아니면 단순히 주가가 말기 저점을 형성하다가 하락했을 때다. 어느쪽이든 주가는 1~5주 아니면 그 이상의 기간을 통해 거래량이 많은 가운데 빠르게 큰 폭으로 하락하면서 그전의 저점이나 밀집 영역을 무너뜨린다.

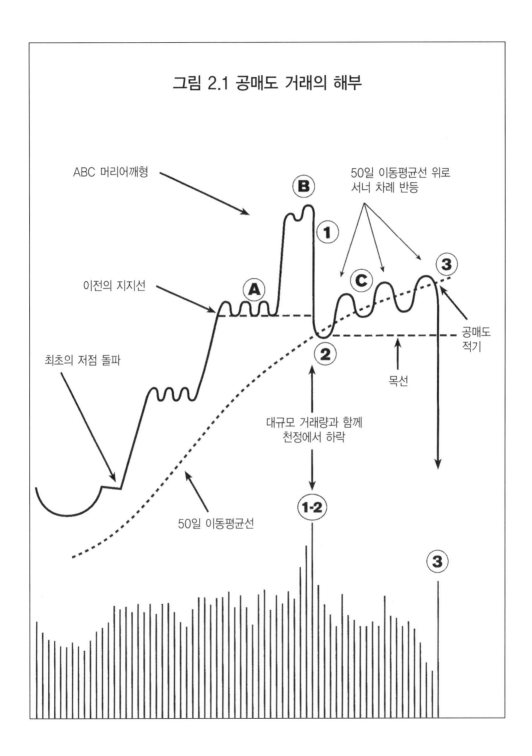

그림 2.1 공매도 거래의 해부

이 같은 상황은 ②에서 중요한 지지선이 무너지는 것을 본 공매도 거래자들을 끌어들인다. 하지만 주식시장에서 대부분의 사람들이 분명하다고 생각하는 것이 그대로 되는 법은 거의 없다. 갑자기 상승 추세가 형성되면서 주가가 날카롭게 반등하는 것이다. 주가는 계속 상승해 보통 50일 이동평균선을 다시 돌파한다.

이 지점에서 당신은 이 주식을 체크리스트에 넣어 공매도 거래 후보로서 관찰하기 시작해야 한다. 절대적인 고점 이후 5~7개월 혹은 그 이상이 지나고 나서, 그리고 주가가 두 번에서 네 번 정도 50일 이동평균선 위로 반등하고 나서 공매도에 적절한 시간과 가격이 나타날 것이다. 처음에 몇 차례 50일 이동평균선 위로 주가가 반등한 뒤 곧 마지막 반등이 온다. 이 마지막 반등은 보통 여러 차례 있었던 이전의 반등보다 거래량이 적다. 거래량은 주가가 상승하는 동안 오히려 감소하며, 주가에서 '정체'stalling가 일어나기도 한다. 그러면 마침내 매수세가 쇠퇴했다는 뜻이다. 처음으로 엄청난 하락 거래량이 나타나면, 공매도를 위한 신호가 된다(③).

당신이 바짝 신경 쓴다면 시장이 하락 추세로 향하고 있고 팔로스루 데이가 생겨나지 못할 경우, 때때로 거래량이 적은 상태에서 주가가 상승할 때도 공매도를 할 수 있다. 하락 거래량이 나타날 때까지 기다리는 것보다 까다롭고 위험한 일이기는 하지만, 어쨌든 그렇게 하면 남들보다 약간 앞설 수 있을 것이다.

하지만 예외적인 경우도 있다. 드물지만 주가가 50일 이동평균선 위로 단 한 차례 반등하거나 아니면 몇 차례 반등해 50일 이동평균선까지 도달하지만 그 위로 올라서지는 못하는 경우다. 그러면 당신은 언제가 마지막 반등인지 어떻게 아느냐고 물어볼지 모르겠다. 솔직하게 대답하자면, 그것은 누구도 확실히 알 수 없다. 중요한 것은 주가가 50일 이동평균선 위로 반등할 때마다 전체 시장의 환경이라는 맥락 내에서 반등의 기술적 성격을 분석해야 한다는 것이다.

예컨대 반등 후 심각한 정체를 보여주지는 않는지, 거래량이 계속 감소하는 가운데 주가가 '쐐기형'wedging으로 상승하고 있지는 않은지, 이번의 반등이 주가를 50일 이동평균선 위로 끌어올렸던 이전의 반등과 기술적으로 다르지는 않은지, 지난 며칠 동안 시장이 저항선까지 갔다가 이제 하락하면서 주가가 마지막 반등을 마무리 짓는 것은 아닌지 살펴보아야 할 것이다. 이런 사실들은 반등이 끝나고 이제 공매도를 할 수 있는 적절한 시기가 왔다는 신호다.

　반등이 한 차례뿐인 패턴은 반등이 서너 차례인 패턴보다 판독하기가 훨씬 더 힘들다. 처음으로 50일 이동평균선 위로 주가 반등이 일어난 뒤 다시 주가가 50일 이동평균선 아래로 내려갔을 때 공매도를 하면, 시기적으로 너무 이른 탓에 손실제한주문에 걸려 시장에서 나올 수밖에 없을지도 모른다. 주가가 50일 이동평균선 위로 반등할 때마다 성공 가능성은 높아진다. 따라서 50일 이동평균선 위로 한두 차례 반등한 주식보다는 서너 차례 반등한 주식의 경우가 성공 가능성이 더 높다. 선택을 신중히 할 만한 여유가 있으면 언제든 서너 차례 혹은 그 이상 반등한 주식을 공매도 대상으로 삼아야 한다.

　그림 2.1의 전체 패턴을 보면 ABC 머리어깨형을 하고 있음을 알 수 있다. A와 C는 각각 왼쪽 어깨와 오른쪽 어깨이고, B는 머리다. 일반적으로 오른쪽 어깨는 왼쪽 어깨보다 낮게 형성돼야 한다. 오른쪽에서는 몇 차례 대규모 하락 거래량이 나타나 전체 패턴상 왼쪽에서 오른쪽으로 진행되면서 평균 거래량이 증가한다.

　머리어깨형 패턴은 5~7개월 혹은 그 이상의 기간에 걸쳐 형성될 수 있다. 하지만 패턴의 크기나 기간은 패턴 자체의 가격 흐름이나 거래량 변동만큼 중요하지는 않다. 주가가 단 3개월의 기간으로 머리어깨형을 만들고 모든 기술적 신호에서 공매도를 해야 한다고 지시하면, 그렇게 해야 한다.

불완전한 말기 저점 패턴에서의 공매도

주가가 늘 정확히 머리어깨형 천정 패턴을 만들어야 공매도를 할 수 있는 것은 아니다. 그림 2.1의 공매도 형태와 약간 다른 형태를 그림 2.2에서 볼 수 있을 것이다. 불완전한 말기 저점 패턴을 보고 공매도를 하는 경우다.

이번 경우는 왼쪽 어깨가 형성되지 않았지만 머리어깨형의 머리에 해당하는 고점 부분에서는 주가와 거래량의 변동이 그림 2.1과 매우 흡사하다.

이 형태에서는 마지막 고점이 실패한 말기 저점 패턴에서 형성됐다. 많은 거래량과 함께 주가가 신속하고 맹렬한 속도로 하락했다는 점에서 머리어깨형의 천정과 비슷하다. 이런 급락으로 이전의 상승 추세에서 형성된 얄팍한 지지 영역이 무너진 뒤, 주가는 보통 몇 차례 50일 이동평균선 위로 반등한다. 50일 이동평균선까지, 아니면 그 위로 반등하는 경우가 한두 차례밖에 안 될 때도 있다.

이런 형태의 패턴은 공매도 적기가 두 군데다. 첫 번째는 주가가 천정에서 하락할 때다. 주가는 대규모 거래량과 함께 돌파에 실패해 다시 저점으로 떨어지거나 아니면 단순히 거래량이 많은 가운데서 불완전한 말기 저점 패턴의 저가로 떨어진다. 두 번째는 오른쪽 어깨에서 몇 차례 반등이 일어난 뒤 거래량이 증가하면서 주가가 하락하기 시작할 때다.

공매도 시점을 알려주는 기술적인 신호

차트 패턴에서 주가 하락을 알려주는 단서를 잘 찾아보아야 한다. 요컨대 유심히 관찰해야 할 기술적인 신호로는 아래와 같은 것들이 있다.

1. 정체: 주가가 반등하지만 1~3주 동안 종가가 주간 가격 범위의 중간보다 아래쪽에서 형성될 때를 말한다(주간 차트상 1~3개의 봉에서 절반보다 아래쪽에 종가가 형성됨). 정체 현상은 반등이 체계적인 매도세를 만났으며 곧 반등세가 꺾이고 주가가 다시 하락할 것이라는 신호일 수 있다. 특히 머리어깨형의 오른쪽 어깨에서 50일 이동평균선 위로 세 번째 혹은 네 번째로 반등이 일

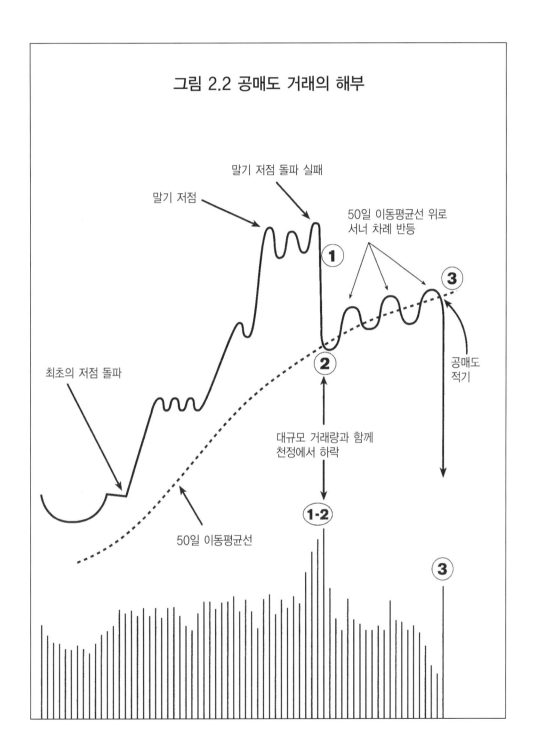

그림 2.2 공매도 거래의 해부

어난 후 정체가 나타났을 때는 하락이 임박했다는 강력한 신호로 해석할 수 있다.

2. 쐐기형 상승: 주가가 점점 높아지는데도 거래량은 계속해서 줄어드는 경우다. 이는 매수세가 약화됐음을 나타내는 신호다. 정체와 마찬가지로 머리어깨형의 오른쪽 어깨에서 50일 이동평균선 위로 세 번째 혹은 네 번째 반등이 일어날 때 쐐기형 상승이 이뤄지면, 주가가 하락을 준비하고 있다는 중요한 신호일 수 있다.

3. 철로: 주가가 한 주 동안 급등하고 나서 다음 주에는 이전 주의 가격 범위를 똑같이 훑어 내려오다가 대규모 거래량과 함께 고점 근처에서 종가를 기록할 때를 말한다. 그러면 주가 움직임이 철로처럼 평행한 두 개의 직선 형태로 나타난다. 대규모 거래량과 함께 나타나는 이런 가격 범위 반복 현상은 분산이 진행 중이라는 신호일 수 있다. 두 주 모두 종가가 고가 근처에서 형성되고 대규모 거래량으로 지지된다고 하더라도 말이다.

4. 섬꼴 천정: 주가가 2~3주 혹은 그 이상의 기간 동안 반등한 후 마지막으로 상승갭이 형성되고, 갭상승한 주에 좁은 가격 범위에서 거래가 이뤄지면 섬꼴 반전형이 형성된다. 주간 차트에서 보면 외따로 떨어져 있는 십자가 모양을 하고 있다. 그래서 '섬꼴 천정' island tops이라는 이름이 붙었다. 갭 상승했으나 매도세를 만나 좁은 주가 범위에서 과도 거래가 이뤄질 경우에는, 종가가 높다 해도 반등의 동력이 소진됐다는 신호일 수 있다.

5. 말기 저점 패턴에서 돌파가 일어났지만 거래량이 적은 경우: 주가가 오랜 상승세 끝에 넓고 느슨하고 불완전한 말기 저점 패턴을 형성하면, 이런 저점에서 소규모 거래량과 함께 돌파 시도가 일어나는지를 지켜보아야 한다. 적은 거래량으로 돌파 시도가 일어났다가 거래량이 갑자기 많아지면서 주가가 반전하는 경우는 한발 앞선 공매도 시점을 제공한다. 때때로 주가가 적은 거래량으로 불완전한 말기 저점을 돌파하는 이런 형태는 주가가 최후의 고점을

만나고 나서 형성된다. 최후의 고점을 지난 뒤 주가는 상승을 지속해 크고 넓고 느슨한 저점 패턴을 만들면서 다시 돌파를 시도할 것이다. 이런 돌파 시도가 매우 적은 거래량과 함께 일어나면, 실패할 가능성이 매우 높고 주가가 고점을 완전히 지났다는 신호일 가능성이 매우 크다.

이와 함께 과거에 지지 역할을 했던 가격 영역을 주의해 지켜보라. 많은 차티스트들은 주가가 지지 영역 아래로 떨어지면 공매도를 한다. 하지만 주가는 지지 영역을 이탈했다가 반등해 더 높은 고점에 도달하기도 한다. 그러면 때이른 공매도 거래자들은 낭패를 당할 수밖에 없다. 이런 일이 일어나는 이유 중 일부는 주가 움직임을 해석하는 기술적 분석과 차트 기법이 너무나 널리 퍼져 있기 때문이다. 이에 따라 많은 개개인들이 동일한 시간에 동일한 정보를 갖고 움직이는 것이다. 지지 영역을 이탈하는 것은 주류 기술적 분석에서 하락 신호로 간주되기 때문에, 차트를 보고 있던 지구상의 모든 사람들이 공매도를 하러 나선다. 그리하여 이제 갑작스럽게 엄청난 공매도 거래자들이 생겨나고, 그들이 모두 숏 포지션을 취하면서 주가는 곧 저점을 형성한다. 하지만 숏 포지션을 청산해야 할 때는 이제 그들이 매수자가 되어야 한다. 이렇게 해서 모든 사람이 매수에 나서면 주가는 끝없이 올라간다.

이와 같은 이유 때문에 주가가 이전의 저점이나 지지 영역 아래로 내려갔을 때는 오히려 숏 포지션을 청산하는 가장 좋은 기회가 된다. 주가가 대개 그 지점에서 반등하기 때문이다. 당신은 거기서 기다리면서 또 다른 공매도 기회를 노려야 한다.

공매도 거래에 성공하기 위해서는 단호한 의지와 끈기, 인내가 필요하다는 사실을 알아야 한다. 공매도 거래를 하다 보면 숏 포지션이 청산되면서 시장에서 나와야 하는 경우가 많을 것이다. 손절매를 해야 할 때는 신속하고 단호하게 해야 한다. 하지만 기죽지 말고 손실제한주문에 걸려 나올 수밖에 없었던 바로 그 주식을 계속 관찰하면서 공매도 거래 모델에 맞는 순간을 찾아라. 결국 공매도 적기가 저절로 나타날 것이다. 당신은 눈을 밝히고 있다가 때를 놓치지 말고 그 기회를 잡아야 한다. 이 말은 마침내 결정타를 날리기 전에 여러 차례 잽을 얻어맞을 수도 있지만, 나락으로 굴러 떨어지는 주식을 손에 넣으면 손쉽게 20~30퍼센트의 수익을 올릴 수 있다는 뜻이다.

공매도 거래 모델

03

HOW TO
MAKE
MONEY
SELLING
STOCKS
SHORT

지금까지 공매도 거래 모형에 관해 배웠으므로, 이제 시장의 역사에서 큰 수익을 낼 수 있었던 공매도 기회들을 조사해보자. 처음의 몇 가지 예에서는 중요한 몇몇 사실들과 각 공매도 모델의 세부 사항에 관해 설명하겠다. 그러면 당신이 나머지 예들에서 공매도 거래의 중요한 특징과 성격들을 이해하는 데 도움이 될 것이다. 이런 예들을 면밀히 조사해 공매도가 어떻게 이뤄져 있는지 이해한다면 실제 거래에 쉽게 적용할 수 있을 것이다.

시스코 시스템즈

시스코 시스템즈는 1990년 기업 공개를 했고, 1990년대 호황기 중 세 차례의 강세장 국면에서 중요한 선도주 역할을 했다. 1990년 10월의 상승 시작점에서 2000년 3월의 궁극적인 고점까지 시가총액이 무려 75,000퍼센트나 상승했다. '시장 선도주'가 무엇인가를 세상에 명명백백하게 보여준 셈이다. 이 회사의 주식은 많은 기관 투자가들의 포트폴리오에서 총애를 받던 종목이었다.

하지만 시스코의 주식은 강세장의 선도주로서 빛나는 역사적 모델이 된 데 그치지 않는다. 보다 중요하게는, 모든 사람이 얼마나 감탄을 하든 얼마나 많은 월스트리트 애널리스트들이 비명을 지르며 사야 한다고 난리든 간에 모든 주식이 떨어질 때가 있다는 사실을 보여주는 증거이기도 했던 것이다.

시스코 주식이 선도주로서 보여준 중요한 특징은, 1991년부터 2000년 천정까지 상승 기간을 통틀어 전체 시장의 조정기 때도 언제나 조정이 가장 늦게 일어나는 주식 가운데 하나였다는 것이다. 조정이 시작되어 마침내 주가가 하락한다 해도 시스코 주식은 조정 구간이 보통 전체 시장 조정기의 마지막 아니면 거의 마지막에 형성됐다.

차트 3.1의 시스코 주간 차트를 면밀히 살펴보면 그 사실을 확인할 수 있다. 조정기가 찾아올 때마다 시스코는 전체 시장이 가라앉는 초기를 잘 버텼다(차트에서는 A에서 D까지의 구간). 하지만 조정이 계속 진행되고 시장의 심리가 공포로 변해가면서 시스코 주식도 어쩔 수 없이 며칠간 조정을 겪었다. 그러나 그 뒤에는 다시 상승하면서 저항선을 돌파했다. 실질적으로 전체 시장이 조정기에서 벗어나 새로운 강세장으로 나아가도록 이끌었던 것이다.

이 사실을 염두에 두고 볼 때, 2000년 들어 전체 시장이 거의 1세기 만에 찾아온 심각한 어려움에 빠져들기 시작하고 시스코 주식이 조정에 들어가면서 매우 흥미로운 일이 일어났다. 시스코 주식이 처음으로 원래의 패턴에서 벗어난 것이다. 시스코의 주가는 일단 조정을 시작하자 계속 하락했고, 조정 후에 신속하게 상승해 시장을 조정기에서 끌어내 새로운 상승 국면으로 이끄는 평소의 패턴을 보여주지 못했다. 이것은 매우 중요했다. 시스코 주식을 팔아야 할 때가, 더욱이 공매도해야 할 때가 왔다는 중요한 신호였기 때문이다.

노련한 거래자들은 차트에서 시스코의 주가가 2000년 3월의 천정 근처에서 머리어깨형을 형성했다는 것을 쉽게 알아볼 수 있었을 것이다. 하지만 주가가 오른쪽 어깨에서 목선 아래로 떨어질 때 숏 포지션을 취한 공매도 거래자들은 시기가 일렀음을 곧 깨달아야 했다. 주가가 목선 아래로 하락한 것은 2000년 3월의 고점으로부터 겨우 2개월 반밖에 지나지 않은 시점이기 때문에, 시스코 주식을 염가로 매수하고 싶어하는 강세 심리가 남아 있었다. 이로 인해 주가는 가파르게 반등해 50일 이동평균선을 넘어 70달러 수준의 저항선까지 올라갔다. 너무 일찍 공매도에 나선 사람들로서는 낭패가 아닐 수 없었다.

앞으로 살펴볼 성공적인 공매도 거래의 예들처럼, 시스코 주식이 남아 있던

차트 3.1　시스코 시스템즈(주간)

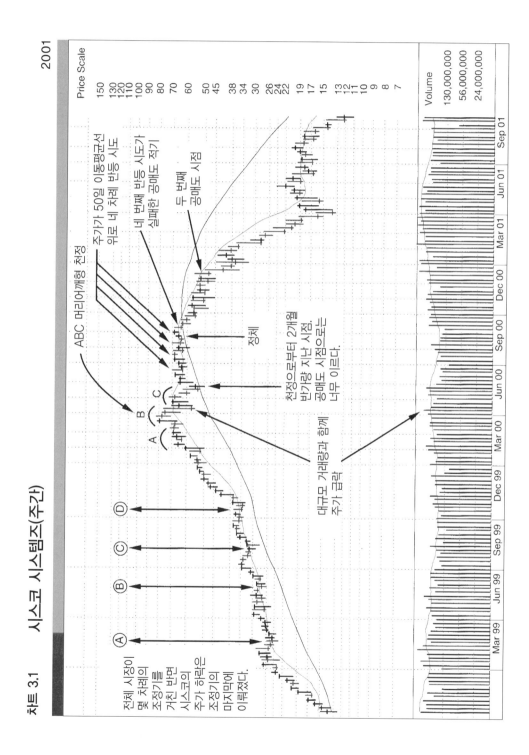

강세 심리를 털어내는 데는 4개월이 더 걸렸다. 그 뒤 주가는 마침내 붕괴했다. 우리가 앞에서 다루었던 법칙, 즉 과거의 선도주를 공매도할 때는 궁극적인 고점 후 몇 개월이 지난 시점이 적기라는 사실이 시스코의 예로 명백하게 입증됐다고 하겠다.

그 뒤에 나오는 시스코의 일간 차트(차트 3.2)는 주간 차트에서 봤던, 주가가 50일 이동평균선 위로 반등한 지점들을 보다 상세하게 보여주고 있다. 공매도를 하려면 주가가 세 번 아니면 네 번째로 반등한 후 공매도 신호에 주의를 기울여야 한다. 시스코의 경우는 네 번째 반등 시도가 실패로 돌아간 뒤 말 그대로 조종이 울렸다. 주가가 대규모 거래량과 함께 50일 이동평균선과 200일 이동평균선을 이탈한 것이다. 공매도를 하라는 신호가 다급하게 울려댔다. 주가가 네 번째로 50일 이동평균선 위로 반등하고자 시도했을 때 거래량이 증가하면서 정체 움직임이 일어난 것에 유의하라. 사소하지만, 여기에 이 마지막 반등이 그전에 일어난 세 차례의 반등과 다른 점이 있다. 당신은 이런 사소한 단서를 보고 주가가 곧 하락할 가능성이 크다는 것을 알아채야 한다.

최초의 공매도 시점을 놓친다 해도, 50달러 선의 바로 위에서 한 번 더 공매도 기회가 있다. 이때 주가는 잠깐 동안 50일 이동평균선 위로 반등한다. 그러다가 이틀 뒤 대규모의 거래량과 함께 다시 50일 이동평균선 아래로 주저앉는다. 이 무렵이 두 번째 공매도 시점이다. 시스코 주식은 마침내 주당 10달러 아래로 떨어져 시스코 주식의 팬들을 충격 속에 몰아넣었다. 그들은 90년대 강세장에서 '투자 등급'investment grade(신용평가기관들에 의해 매겨지는 기업 신용 등급 중 하나로 AAA부터 D까지 분류된다. BBB까지는 투자 적격 등급(투자 등급)이며, 그 이하는 투자 부적격(투기 등급)이다. - 편집자 주)으로 총애를 받던 주식이 2000년 3월의 고점에서 90퍼센트 이상 하락한 사실을 도저히 믿을 수 없었을 것이다.

차트 3.2   시스코 시스템즈(일간)

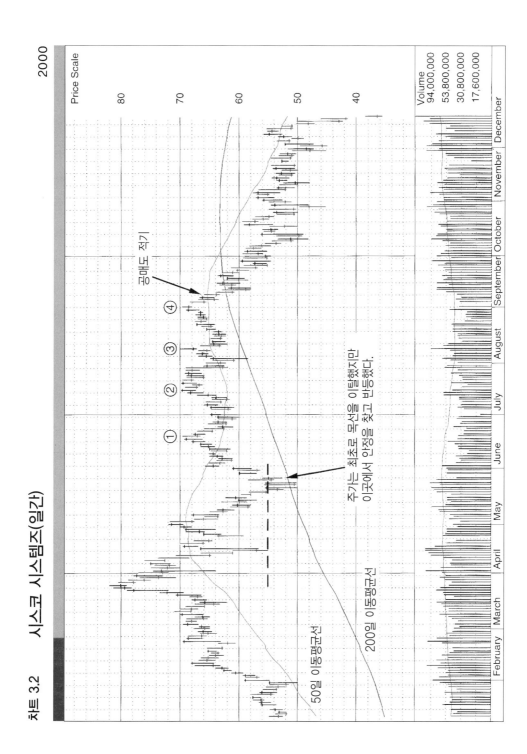

2000

Price Scale

80

70

60

50

40

공매도 적기

① ② ③ ④

주가는 최초로 목선을 이탈했지만
이곳에서 안정을 찾고 반등했다.

50일 이동평균선

200일 이동평균선

Volume
94,000,000
53,800,000
30,800,000
17,600,000

February | March | April | May | June | July | August | September | October | November | December

루슨트 테크놀로지

루슨트 테크놀로지 역시 1990년대 강세장에서 인기가 높았던 '투자 등급'으로 1996년 4월 AT&T에서 분리해 나왔다. 이 회사는 AT&T에서 수많은 최첨단 통신 기술의 연구와 개발을 담당했기 때문에 사람들에게는 AT&T의 자회사 중 알짜로 인식됐다. AT&T 주주들은 루슨트 테크놀로지의 주식을 배당받았는데 그것이 일대 행운이라는 사실을 후에 알게 됐다.

루슨트 테크놀로지의 주가는 주식 분할을 감안하면 그 뒤 44개월 동안 7달러에서 60달러 이상으로 상승했다. 그러면서 많은 월스트리트 애널리스트들에게 총애의 대상이 됐고, 월스트리트의 모든 메이저 증권회사들의 포커스 리스트에 올랐으며 '투자 등급'으로 인정받았다.

하지만 주간 차트에서 보듯이, 2000년 1월 첫 주에 주가가 크게 떨어지면서 몰락이 시작됐다. 이때의 주가 하락은 당시 한창 만들어지고 있던 머리어깨형에서 머리의 오른쪽 부분에 해당한다.

그러나 이때는 공매도를 하기에는 시기가 너무 일렀다. 주가가 절대적인 고점을 찍은 지 겨우 4주밖에 안 지났기 때문이다. 주가는 이후 50일 이동평균선 위로 모두 네 차례 반등했는데, 그중 첫 번째 반등 때부터 공매도 거래자들은 금세 곤경에 빠졌다. 앞에서 본 시스코의 경우처럼, 루슨트 테크놀로지는 네 번째로 50일 이동평균선 위로 반등을 시도하다가 실패한 후 대규모 거래량과 함께 50일 이동평균선 아래로 떨어졌다. 바로 이때가 공매도의 최적기다.

이를 일간 차트로 자세히 들여다보면, 주가가 하락하면서 세 차례 공매도 기회가 있었다는 것을 알 수 있다.

차트 3.3 　 루슨트 테크놀로지(주간)

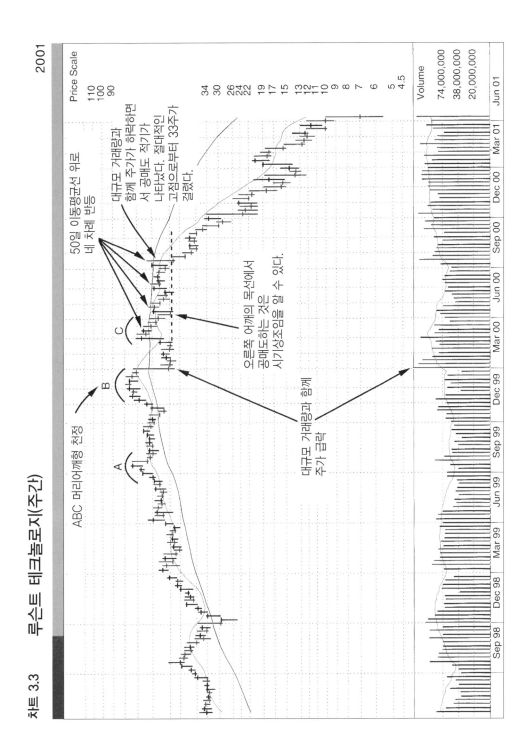

2001

Price Scale

110
100
90

ABC 머리어깨형 천정

50일 이동평균선 위로
네 차례 반등

대규모 거래량과
함께 주가가 하락하면
서 공매도 시기가
나타났다. 절대적인
고점으로부터 33주가
걸렸다.

34
30
26
24
22

19
17

15

13
12
11
10

9
8

7

6

5
4.5

A

B

C

오른쪽 어깨의 목선에서
공매도하는 것은
시기상조임을 알 수 있다.

대규모 거래량과 함께
주가 급락

Volume

74,000,000

38,000,000

20,000,000

Sep 98　Dec 98　Mar 99　Jun 99　Sep 99　Dec 99　Mar 00　Jun 00　Sep 00　Dec 00　Mar 01　Jun 01

차트 3.4는 루슨트 테크놀로지의 일간 차트로 적절한 공매도 시점이 어디인지를 세부적으로 보여준다. 첫 번째는 주가가 200일 이동평균선 위로 상승했다가 하락했을 때고, 두 번째는 주가가 50일 이동평균선 뚫었을 때다. 세 번째는 주가가 머리어깨형을 형성하고 있는 오른쪽 어깨의 목선을 뚫었을 때다.

주가가 절대적인 고점에서 마침내 완연한 하락세로 들어갈 때까지 33주가 걸렸다는 것을 알아두라. 주가가 이렇게 하락세로 바뀌는 동안 대규모 거래량과 함께 200일 이동평균선, 50일 이동평균선, 머리어깨형의 목선을 이탈할 때 매우 명확한 공매도 신호가 나타났다. 이 예를 통해 주가가 절대적인 고점을 치면 인내심을 갖고 적절한 공매도 시기를 찾아야 한다는 것을 명백히 알 수 있을 것이다. 너무 일찍 공매도에 나서면 매수세를 맞아 환매를 할 수밖에 없는 상황이 벌어진다.

차트 3.4   루슨트 테크놀로지(일간)

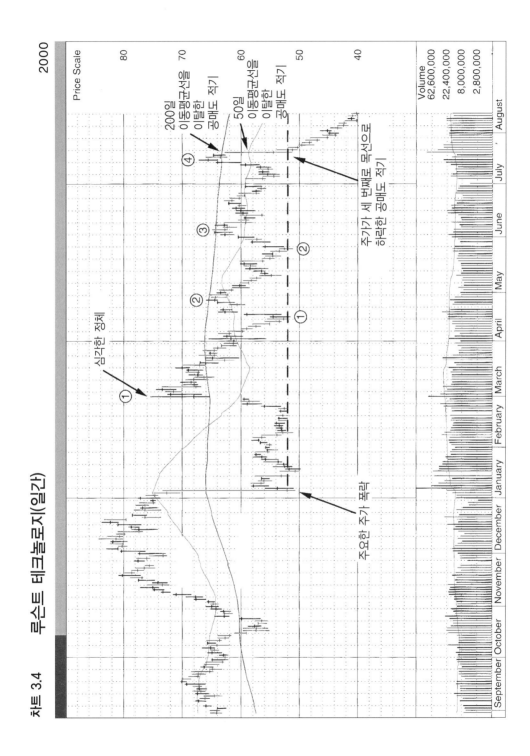

2000

Price Scale

80

70   200일
      이동평균선을
      이탈한
      공매도 적기

60   50일
      이동평균선을
      이탈한
      공매도 적기

50

40

Volume
62,600,000
22,400,000
8,000,000
2,800,000

심각한 정체

주가가 세 번째로 목선으로
하락한 공매도 적기

주요한 주가 폭락

September | October | November | December | January | February | March | April | May | June | July | August

칼파인

전력 공급 회사인 칼파인의 주식은 손잡이가 달린 컵형에서 나타나는 말기 저점 패턴을 보여준다. 이 주식에서는 주가가 절대적인 고점에 도달한 뒤 수개월 만에 매력적인 공매도 기회가 찾아왔다. 흥미로운 사실은 칼파인의 주가가 2001년 3월 궁극적인 고점에 도달할 무렵, 전력 생산 문제와 임박한 전기 에너지의 위기에 대한 뉴스가 대대적으로 보도되면서 공포감이 확산되고 있었다는 것이다. 더욱이 캘리포니아의 순차적인 단전 조치가 대중의 관심을 끌었고, 당시 위기감을 조성하는 데 큰 몫을 했다. 갑자기 모든 사람들이 전력 생산이 '잘나가는' 부문이라는 사실을 깨닫게 됐다. 하지만 칼파인 같은 주식은 지난 2년 반 동안 꾸준히 상승해왔다는 사실을 잊지 말았어야 했다. 불행히도 주식시장에서는 모든 사람들이 마침내 무엇인가를 '깨닫게' 되면, 그것으로 끝나버린다.

주가가 2.60달러 선에서 돌파가 일어나 58달러 이상으로 상승하는 동안, 칼파인 주식은 여섯 개의 저점 패턴을 형성했다. 처음의 다섯 개 저점 패턴은 형태가 완전했다. 여섯 번째 저점 패턴은 칼파인 주식에 어떤 변화가 일어났다는 최초의 징후를 보여주었다. 마지막에 등장한 말기 저점 패턴은 넓고 느슨한 손잡이가 달린 컵형이며, 세 개의 뚜렷한 바닥으로 이뤄져 있다. 주가가 이 저점 패턴에서 돌파를 시도하는 동안, 처음 2주는 거래량이 증가하는 가운데 정체 움직임을 보였다. 8주 뒤, 돌파는 실패로 돌아갔고 주가는 50일 이동평균선 아래로 떨어졌다.

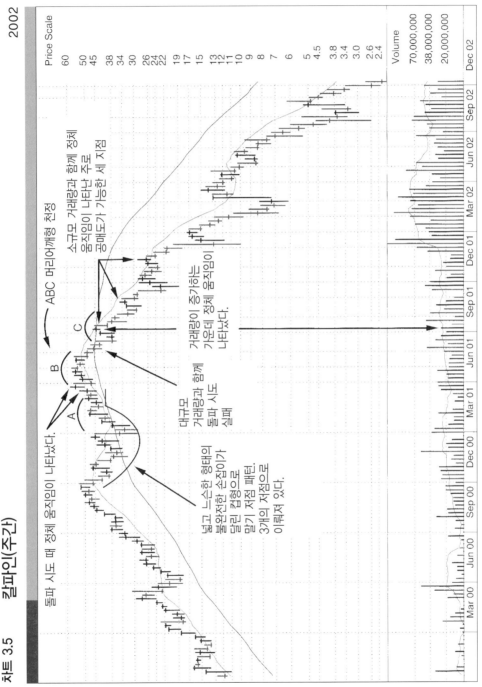

차트 3.5   킬피인(주간)

칼파인의 일간 차트(차트 3.6)에서는 하락하는 주가에서 나타나는 전형적인 특징 한 가지를 관찰할 수 있다. 50달러 중반에서 20달러 수준까지 주가가 하락하는 동안, 몇 차례의 소규모 반등을 볼 수 있을 것이다. 이런 반등 때는 주가가 상승하는 동안 거래량이 감소하며(쐐기형 반등), 이어 주가 하락이 따르면서 거래량이 증가한다. 이런 종류의 기술적인 움직임은 대개 하락 추세에서 볼 수 있다. 이런 움직임을 보이는 주식은 주가가 쐐기형 반등으로 50일 이동평균선 또는 200일 이동평균선의 저항 영역에 진입했을 때 공매도할 수 있다.

주가가 일단 하락세에 들어서자 절대적 고점으로부터 거의 8개월이 지난 뒤 공매도 적기가 나타났다. 주간 차트(차트 3.5)를 다시 보라. 소규모 거래량과 함께 반등이 일어나 주가가 50일 이동평균선 위로 올라갔지만 정체 움직임을 보였음을 확인할 수 있을 것이다. 그 뒤 거래량이 증가하면서 주가가 50일 이동평균선 아래로 내려가 3주 만에 주당 26달러에서 10달러 이하로 폭락했다.

차트 3.6   캔들차인(일간)

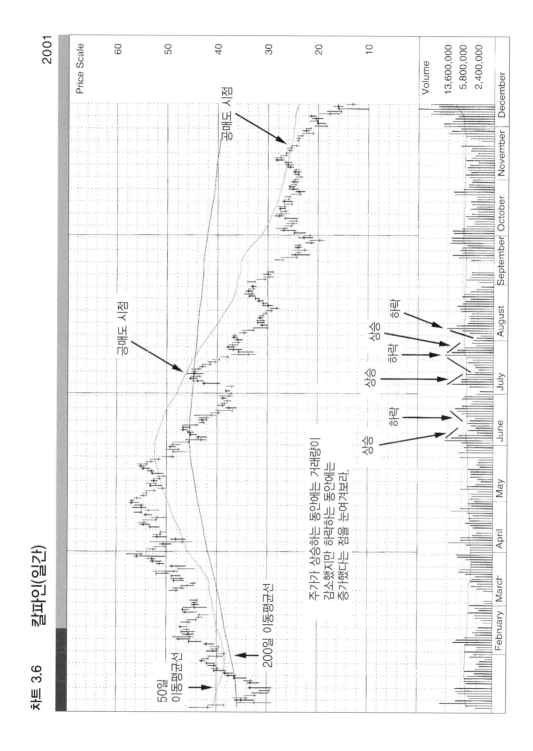

주가가 상승하는 동안에는 거래량이
감소했지만 하락하는 동안에는
증가했다는 점을 눈여겨보라.

야후

야후 주식은 1998~99년 강세장에서 각광을 받은 인터넷주였지만, 주가 하락의 고전적인 과정을 거쳐 마침내 거덜이 나버렸다. 주가는 마지막 상승기에 250달러의 가격 수준에서 새로운 고가를 기록했다. 하지만 마지막 2주에는 거래량이 대단히 적었다는 사실에 주의해야 한다. 그 뒤에는 거래량이 엄청난 가운데 천정에서 150.06달러로 떨어졌고, 그 다음 주 역시 대규모 거래량과 함께 주가가 하락했다. 그러고 나서 주식은 3개월 동안 거래량이 적은 가운데 요동치다가 다시 하락했고, 이번에는 200일 이동평균선 아래로 내려갔다. 7주 뒤 50일 이동평균선이 200일 이동평균선을 가로질러 아래로 내려갔다.

여기서부터 주가는 주간 차트상에서 50일 이동평균선 위로 네 차례 반등을 시도했다. 네 번째 반등 시도 뒤 주가는 거래량이 엄청난 가운데 50일 이동평균선 아래로 떨어졌다. 이때가 최적의 공매도 시점이다. 야후 주식은 궁극적으로 8.02달러에서 바닥을 쳤다. 250.06달러의 고점에서 무려 96.8퍼센트나 하락한 값이다!

차트 3.7   야후(주간)

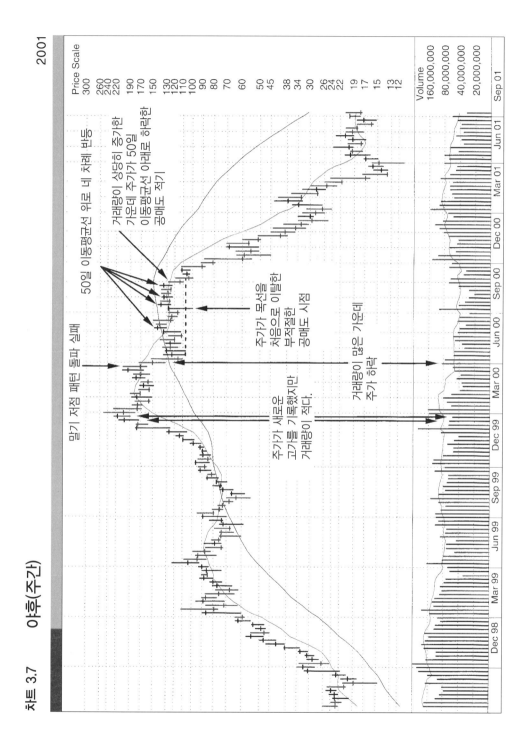

2001

Price Scale

300
260
240
220
190
170
150
130
120
110
100
90
80
70
60
50
45
38
34
30
26
24
22
19
17
15
13
12

Volume
160,000,000
80,000,000
40,000,000
20,000,000

Dec 98   Mar 99   Jun 99   Sep 99   Dec 99   Mar 00   Jun 00   Sep 00   Dec 00   Mar 01   Jun 01   Sep 01

50일 이동평균선 위로 네 차례 반등

거래량이 상당히 증가한 가운데 주가가 50일 이동평균선 아래로 하락한 공매도 적기

말기 저점 패턴 돌파 실패

주가가 목선을 처음으로 이탈한 부적절한 공매도 시점

주가가 새로운 고가를 기록했지만 거래량이 적다.

거래량이 많은 가운데 주가 하락

브로드컴

초고속 광대역 통신주는 1998~99년 강세장에서 거센 불길처럼 급등했고, 브로드컴의 주가는 이런 불길을 타고 1998년 11월의 상승 시작점에서 71주가 지나는 동안 994퍼센트 상승했다.

브로드컴의 주식은 2000년 3월 253달러의 가격 수준으로 상승하면서 처음으로 이상 징후를 보여주었다. 주가가 이 새로운 고가 영역으로 진입하는 동안 주가의 붕괴를 최초로 알려주는 두 가지 일이 일어났다. 우선 천정에서 2주 동안 상승 거래량이 지극히 적었다. 이와 동시에 주가가 전주의 움직임을 그대로 반복하면서 철로를 형성했다.

그 뒤 주가는 큰 폭으로 급락해 2주 만에 반 토막이 났다. 하지만 곧 반등이 일어나 매우 넓고 느슨한 형태로 손잡이가 달린 컵형이 형성됐다. 주가는 이 패턴에서 돌파를 시도했으나 이 저점 패턴은 사실 불완전한 형태였다. 주가는 세 차례 260달러의 가격 영역으로 반등을 시도했다. 세 번째 반등이 실패한 뒤 하락 거래량이 엄청나게 증가한 가운데 급락했고, 마침내 2002년 10월 9.52달러의 가격에 바닥을 쳤다.

차트 3.8   브로드컴(주간)

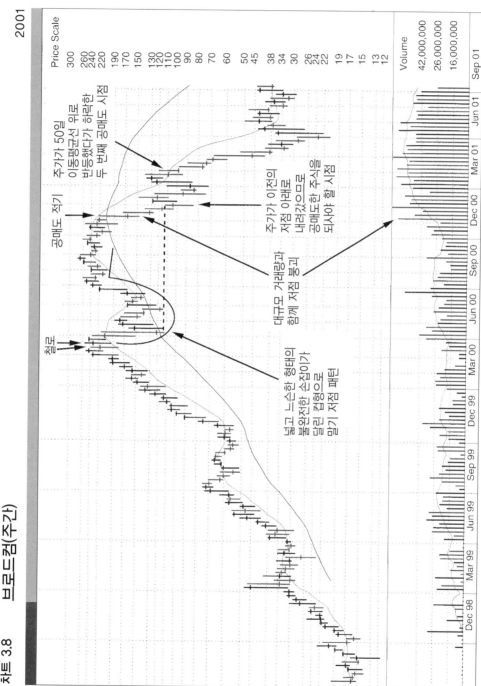

2001

Price Scale

300

260
240
220

190
170

150

130
120
110
100

90
80
70

60

50
45

38
34

30

26
24
22

19
17

15

13
12

Volume

42,000,000

26,000,000

16,000,000

주가가 50일
이동평균선 위로
반등했다가 하락한
두 번째 공매도 시점

공매도 적기

첫 공매도

넓고 느슨한 형태의
불완전한 손잡이가
달린 컵 형태으로
달기 저점 패턴

대규모 거래량과
함께 저점 붕괴

주가가 이전의
저점 아래로
내려갔으므로
공매도한 주식을
되사야 할 시점

Dec 98   Mar 99   Jun 99   Sep 99   Dec 99   Mar 00   Jun 00   Sep 00   Dec 00   Mar 01   Jun 01   Sep 01

서튼-티드 프로덕트

서튼-티드 프로덕트의 주가는 1960~61년의 강세장에서 큰 폭으로 치솟았다. 1961년 1월에서 1972년 12월까지 400퍼센트 상승했다. 사실 이 주식은 내가 매수를 하다가 처음으로 실수를 한 몇 가지 주식 중 하나였다. 원래 나는 이 주식을 높고 조밀한 깃발형에서 상승할 때 20달러대의 저가에서 매수한 다음 2~3 포인트 이득을 얻고 팔아버렸다. 그런데 그 뒤 주가는 80달러까지 치솟았다!

나는 이런 실수와 또 다른 여러 실수들을 연구해 시장 지표의 일반적인 방향을 판단하는 데 활용하는 제너럴 마켓 시스템뿐 아니라 CAN SLIM 시스템(오닐 스스로 정리한 최고의 주식을 선정하는 데 필요한 일곱 가지 원칙을 두문자로 나타낸 것 – 편집자 주)의 원칙을 발견했다. 그 덕분에 나는 수많은 약세장에서 여러 차례 손실을 면하거나 공매도 거래를 할 수 있었으며, 당시 서튼-티드와 또 다른 대형 상승주들을 코베트 주식처럼 공매도하라고 추천할 수 있었다.

그때는 내가 헤이든 스톤에서 주식 중개인으로 일할 때였는데, 헤이든 스톤은 당시는 매우 유망한 회사였지만 지금은 사라지고 없다. 하여튼 나는 그때 서튼-티드 주식 때문에 뉴욕 본사와 약간 마찰을 빚었다. 내가 여기저기 돌아다니면서 고객들에게 서튼-티드 주식을 공매도하라고 얘기하고 있을 때 동료 애널리스트들은 매수하라고 조언하고 있었기 때문이다. 당시 나는 회사에 가장 큰 수익을 올려다주는 사람 중 한 명이었다. 그래서 회사에서는 나에게 방송으로 우리 지역 내에 있는 여러 지사들을 대상으로 연설을 해달라는 요청을 해왔다. 나는 방송에서 서튼-티드 주식에 관해 언급하면서 헤이든 스톤의 애널리스트들이 바로 전날 서튼-티드 주식의 매수를 권했다고 하더라도 서튼-티드 주식은 매도해야 한다는 게 내 판단임을 분명히 밝혔다. 나는 방송을 듣고 있던 다른 지사의 주식 중개인들이 갑자기 '헉' 하고 놀라는 광경이 눈에 선했다.

하지만 사실은 사실이다. 서튼-티드 주식은 정말로 매도 대상이었다. 나는 44~45달러 영역에서 서튼-티드 주식을 공매도했다. 그 뒤 5주 동안 주가가 가

차트 3.9   서튼-티드 프로덕트(주간)

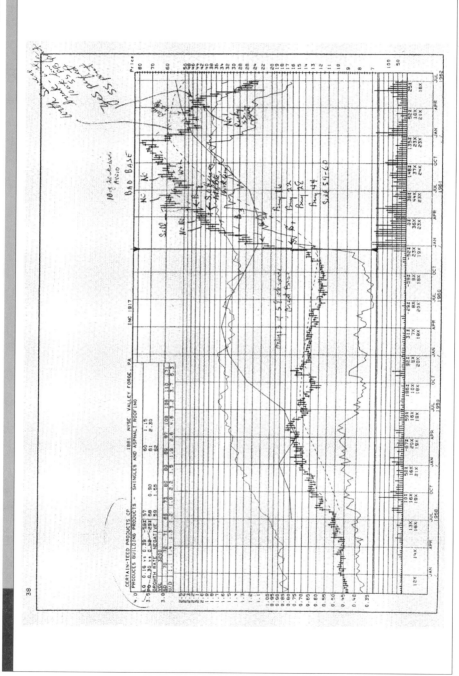

파르게 하락하면서, 나는 금세 25~30퍼센트의 수익을 올렸다. 여기서 볼 수 있는 서튼-티드 주식의 차트는 『주식시장 최고의 종목에 관한 모델 북Model Book of Greatest Stock Market Winners』(1971)에 나오는 것이다. 내가 메모해놓은 부분을 보면 그때 내가 이 주식을 어떻게 다루었는지 잘 알 수 있다.

차트 3.9를 보면 주가가 뚜렷한 형태의 머리어깨형을 형성하고 나서 두 번째로 목선을 이탈하면서 큰 폭의 하락이 있었다는 것을 쉽게 알 수 있다. 대개 주가가 처음으로 머리어깨형의 오른쪽 어깨에서 목선을 이탈할 때는 금세 목선 위로 반등이 일어난다. 그러면 최초의 목선 이탈 때 주식을 공매도한 사람들은 낭패를 볼 수밖에 없다. 주가가 두 번째로 목선을 이탈할 때는 사람들이 확신을 갖지 못했다. 최초의 목선 이탈 때 주식을 공매도했던 사람들의 경우는 그때 입은 상처가 아물기를 기다리고만 있을 뿐, 다시 거래에 뛰어들고 싶어하지 않았다. 하지만 사실은 이때가 공매도하기에 적합한 시기였다. 다시 한 번 말하지만, 주식시장에서는 많은 사람들이 분명하다고 생각할 때 오히려 그렇게 되지 않는 법이다.

로우스

1960년대 미국 소비자들은 제트기 여행 시대가 가져다준 자유를 향유하기 시작했다. 이에 따라 몇몇 항공주는 이 시기에 큰 폭으로 상승했다. 간편하게 미국과 세계의 구석구석을 가볼 수 있게 되면서 비행기 여행이 붐을 이루었다. 이런 붐 뒤에 새로운 여행 시대에 필수적인 한 부분을 제공하는 산업 분야의 주식들이 '후속' follow-on 상승을 시작했다. 바로 호텔 숙박업이다. 1960년대 큰 폭으로 상승했던 몇몇 호텔주 가운데 로우스의 주식은 중요한 선도주였다.

호텔주의 주가 상승은 '후속' 의 개념에 관한 흥미로운 교훈을 제공한다. 대개 어떤 그룹의 주식들(이 경우는 항공주)이 큰 폭으로 상승하면, 관련된 산업의 주식들이나 첫 번째 그룹 주식들의 주가 상승을 야기한 사업 추세 혹은 발전으로부터 이득을 보는 그룹의 주식들이 뒤이어 상승한다. 이번 경우에는 항공기

차트 3.10   로우스(주간)

1970

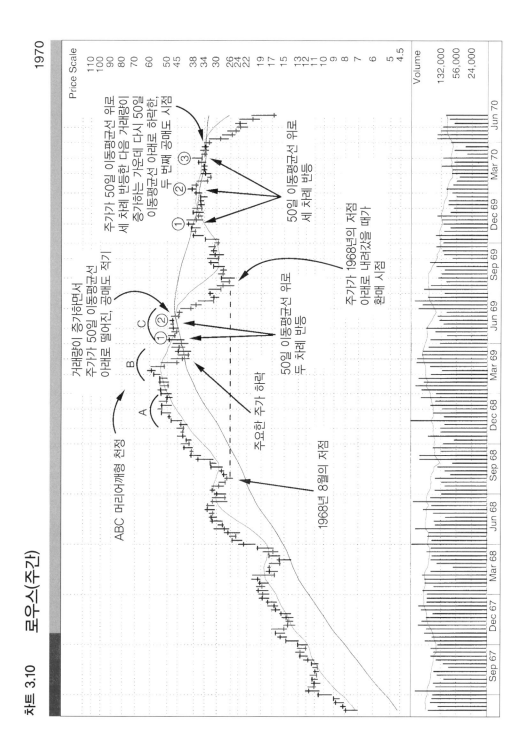

여행의 증가가 호텔 숙박 수요의 증가를 불러왔다. 특기할 점이 있다면 항공주가 1962~65년의 강세장에서 상승한 반면, 호텔주는 그 뒤에 이어진 상승 국면으로 1966~69년의 강세장에서 상승했다는 것이다.

항공주는 전체 시장과 함께 1965년 말 천정을 치고 나서 모두 나락으로 굴러 떨어졌고, 마침내 바닥을 치고 시장과 함께 반등을 시도했다. 이로써 1966년의 강세장이 시작됐다. 하지만 불행히도 이런 항공주들은 기관이 과도하게 보유하고 있던 터라 저점에서 일어난 반등이 용두사미로 끝나고 말았다. 그러나 미국 소비자들의 여행 욕구 증가라는 보다 넓은 개념은 여전히 유효했다. 노련한 투자자들은 1967년에 이르자 이 개념이 호텔주에서 영향력을 드러내는 것을 간파했다.

로우스의 주가는 24개월 동안 엄청나게 올라 1,230퍼센트 상승했다. 마침내 1969년 3월 천정을 치고 나서 주가는 3주 동안 거래량이 크게 감소하는 가운데 하락했고, 이때 머리어깨형의 머리가 형성됐다. 이어 50일 이동평균선 위로 두 차례 반등이 일어나면서 오른쪽 어깨가 만들어졌다. 적합한 공매도 시점은 이 두 번째 반등이 있은 다음이다. 그 뒤 하락한 주가는 오른쪽 어깨의 오른쪽 부분을 만들면서 거래량이 증가하는 가운데 50일 이동평균선 아래로 내려갔다.

그리고 나서 주가는 8주 동안 계속 하락해 마침내 1968년 7~8월에 형성된 저점 아래에서 바닥을 쳤다. 이때가 숏 포지션 청산 시점이었다. 이후 주가는 25달러에서 반등해 40달러 이상으로 높아졌다. 주가는 200일 이동평균선 위로 세 차례 반등하면서 40달러 영역으로 진입했다. 세 번째 반등 후에 주가는 2주 동안 상승했지만 거래량이 매우 빈약했다. 다음 주 주가는 50일 이동평균선과 200일 이동평균선 아래로 내려갔는데 이때가 두 번째 공매도 시점이다.

이후 로우스의 주가는 10달러대로 급락했고 회사는 호텔업에 집중됐던 관심을 일부 거두고, 담배·보험·석유 및 가스 생산 같은 업종으로 사업 다각화를 모색했다.

레드맨 산업과 스카이라인

오늘날 이동주택 사업은 투자자들의 피를 끓게 하지는 않는다. 하지만 1960년 대는 이동주택 사업이 붐을 이루었고, 레드맨 산업이나 스카이라인 같은 이동주택 업체들이 그 붐을 주도했다.

두 회사의 주식 가운데 스카이라인의 주식이 먼저 바닥을 치고 나와 더 큰 폭으로 상승했다. 스카이라인의 주가는 26개월 동안 1,233퍼센트 상승을 기록 했다. 한편 레드맨 산업의 주식은 스카이라인보다 6개월 늦게 바닥을 벗어나 17 개월 후에 837퍼센트 상승했다. 그리고 5개월 먼저 천정을 쳤다.

1966~68년의 강세장에서 스카이라인과 레드맨 산업의 주식이 어떻게 움 직였는지 살펴보면 주식이 그룹으로 움직인다는 것을 배울 수 있다. 두 주식은 몇 개월 간격으로 함께 바닥을 빠져나왔고, 역시 몇 개월 간격으로 함께 천정을 쳤다. 레드맨 산업의 주식이 1969년 5월 천정을 쳤을 때, 스카이라인의 투자자 들은 스카이라인도 곧 천창을 치리라는 사실을 알 수 있었을 것이다.

차트 3.11과 3.12를 보면 두 주식 모두 견조한 상승세를 유지해간 것을 볼 수 있을 것이다. 상승기에 몇 차례 조밀하고 작은 저점 패턴들이 형성됐다. 그러 다가 주식이 궁극적인 고점에 가까워지면서 주가 움직임의 성격에 변화가 생기 기 시작했다는 것이 분명해졌다. 오랜 상승 끝에 두 주식은 조정기에 들어갔고, 궁극적인 고점 근처에서 한 쌍의 손잡이가 달린 컵형 저점을 만들었다.

레드맨 산업의 경우 첫 번째 나타난 넓고 느슨한 말기 저점 패턴인 손잡이 가 달린 컵형에서 돌파를 시도했으나 끝내 돌파하지 못하고 전고점보다 약간 높 은 최종 고점을 형성했다. 반면 이 시기 스카이라인은 두 번째로 나타난 말기 저 점 패턴을 돌파하기 위해 안간힘을 쓰는 중이었다.

레드맨 산업의 주식은 마지막 고점을 지나 하락하면서 머리어깨형을 이루 는 머리의 오른쪽 부분을 만들었다. 주가는 첫 번째 손잡이가 달린 컵형의 저점 아래로 떨어졌다가 다시 50일 이동평균선 위로 반등했다. 어쨌든 이때 첫 번째

차트 3.11   레드맨 산업(주간)

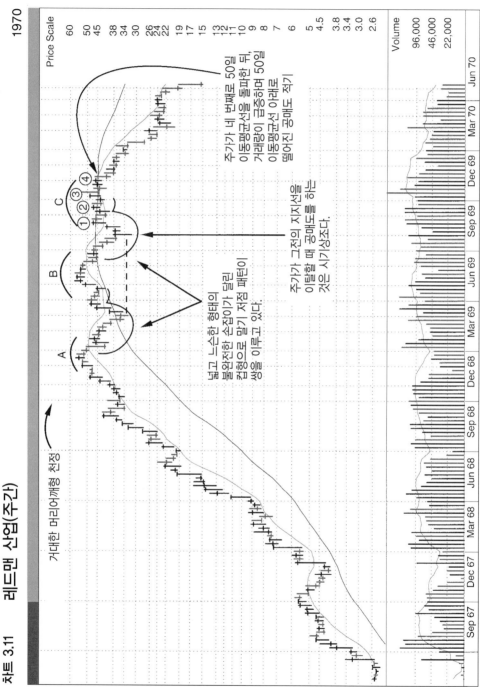

1970

거대한 머리어깨형 천정

주가가 네 번째로 50일
이동평균선을 돌파한 뒤,
거래량이 급증하며 50일
이동평균선 아래로
떨어진 공매도 적기

넓고 느슨한 형태의
불완전한 손잡이가 달린
컵형으로 말기 저점 패턴이
쌍을 이루고 있다.

주가가 그전의 지지선을
이탈할 때 공매도를 하는
것은 시기상조다.

Price Scale

60
50
45
38
34
30
26
24
22
19
17
15
13
12
11
10
9
8
7
6
5
4.5
3.8
3.4
3.0
2.6

Volume
96,000
46,000
22,000

Sep 67 Dec 67 Mar 68 Jun 68 Sep 68 Dec 68 Mar 69 Jun 69 Sep 69 Dec 69 Mar 70 Jun 70

차트 3.12   스카이라인(주간)

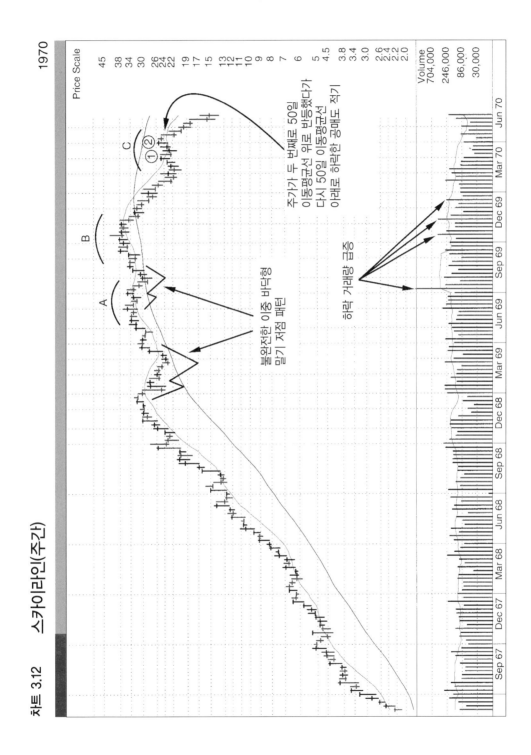

1970

Price Scale

주가가 두 번째로 50일
이동평균선 위로 반등했다가
다시 50일 이동평균선
아래로 하락한 공매도 적기

불완전한 이중 바닥형
말기 저점 패턴

하락 거래량 급증

Volume
704,000
246,000
86,000
30,000

손잡이가 달린 컵형의 저점에서 이뤄진 '중요 지지선'이 무너지면, 공매도 거래자들은 이를 절호의 공매도 시점으로 착각하곤 한다. 하지만 이것은 누구나 뻔히 알 수 있는 기회이고, 공매도 거래자들은 곧 낭패를 당하게 된다.

레드맨 산업의 주식은 두 차례 더 50일 이동평균선 위로 반등해 모두 세 차례 50일 이동평균선 위로 반등했으며, 이때 머리어깨형의 오른쪽 어깨가 만들어졌다. 세 번째 반등이 있은 후 2주 동안은 거래량이 적었다. 그러다가 거래량이 증가하면서 주가는 마지막으로 50일 이동평균선을 이탈했고, 다음 수개월 동안 10달러의 가격대까지 폭락했다.

한편 스카이라인 주식은 1969년 10월 천정을 쳤다. 이때 주가는 저점 패턴을 돌파했다가 다시 주저앉았다. 이 말기의 저점 패턴은 처음에는 손잡이가 달린 컵형으로 보였지만, 실제로는 불완전한 이중 바닥형이었다. 그 앞에 있는 첫 번째의 패턴도 사실 마찬가지였다. 면밀히 조사해보면, 이 두 저점이 모두 불완전한 이중 바닥형임을 알 수 있다. 첫 번째 패턴에서는 하락세의 처음 3주가 첫 번째 저점을 형성하고 있고, 두 번째 패턴에서는 하락세의 처음 2주가 첫 번째 저점을 형성하고 있다. 이 두 경우 모두 완전하다고 할 수는 없다. 왜냐하면 완전한 이중 바닥형에서는 대부분 첫 번째 저점이 2~3주가 아닌 4~6주에 걸쳐 형성돼야 하기 때문이다. 그 이유를 찾자면 일반적으로 저점은, 특히 말기의 저점은 주가가 하락하면서 왼쪽 부분에서 매물을 털어내는 데 보다 많은 시간을 필요로 하기 때문이다. 2~3주의 하락 기간은 모든 매물을 털어내는 시간으로는 부족하며, 결국 실패할 가능성이 높은 불완전한 저점 구조를 형성한다.

스카이라인 주식은 1969년 10월 마지막 고점에 도달한 뒤, 다음 3개월 동안 큰 폭으로 하락했다. 그러다 마침내 두 차례 50일 이동평균선 위로 반등이 일어났다. 두 번째 반등은 3주 동안 이어졌고 거래량이 평균보다 적었으며, 그중 처음 2주는 심각한 정체 움직임을 보였다. 두 번째 반등 뒤 2주가 지나자 거래량이 증가하는 가운데 주가가 50일 이동평균선 아래로 떨어졌다. 그러고는 다음

몇 주 동안 큰 폭으로 급락했다.

두 주식을 비교해보면 스카이라인의 주식이 레드맨 산업의 주식보다 더 강하다는 사실을 알 수 있다. 먼저 상승을 시작했고 상승률이 더 컸으며, 더 늦게 천정을 쳤기 때문이다. 하락 시에도 두 주식 사이에서 상대적인 체력의 차이가 드러났다. 공매도 적기는 주가가 오른쪽 어깨의 오른쪽 부분에서 50일 이동평균선 아래로 떨어지는 지점이다. 이 경우에서는 레드맨 산업이 스카이라인보다 더 좋은 공매도 대상이었다.

씨큐브 마이크로시스템즈

1995~97년의 강세장 때는 바야흐로 인터넷주가 뜨기 시작할 때였다. 그 중요한 이유 중 하나는 MPEG라는 새로운 종류의 멀티미디어 형식을 통해 인터넷으로 동영상을 전송하거나 보는 것이 가능해졌기 때문이다. MPEG는 '동화상 전문가 그룹'을 뜻하는 'Moving Picture Experts Group'의 약자다. MPEG 기술 덕분에 영상 파일과 음성 파일을 압축해 인터넷으로 쉽게 전송할 수 있게 됐다.

영상 압축 분야에서 두각을 나타낸 회사 중 하나는 씨큐브 마이크로시스템즈였다. 씨큐브는 가전제품과 컴퓨터 애플리케이션을 위한 최초의 단일 칩 MPEG 디코더, 통신 애플리케이션을 위한 최초의 단일 칩 디코더, 최초의 단일 칩 비디오 인코더를 만든 회사였다. 이 회사의 혁신적인 기술로 한 시간짜리 비디오 프로그램을 한 장의 CD-ROM 디스크에 담을 수 있게 됐다. 압축을 하지 않으면 이런 비디오 프로그램을 담는 데 보통 100장의 CD-ROM 디스크가 필요하다.

이런 신제품으로 수익이 크게 증가하자 씨큐브 주식은 1995년 5월부터 41주 뒤 천정을 칠 때까지 494퍼센트 상승했다. 최종적인 고점에 이르기 바로 전에, 씨큐브의 주가는 넓고 느슨하며 바닥이 V자를 이루고 있는 손잡이가 달린 컵형을 형성했다. 주가는 여기서 돌파를 시도했지만 실패하고 말았다.

차트 3.13   씨큐브 마이크로시스템즈(주간)   1996

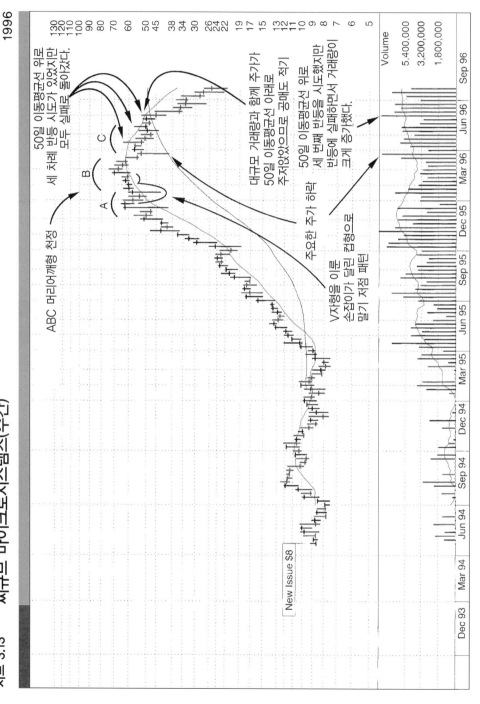

ABC 머리어깨형 천정

50일 이동평균선 위로 세 차례 반등 시도가 있었지만 모두 실패로 돌아갔다.

50일 이동평균선 아래로 주가가 있어으므로 공매도 적기

대규모 거래량과 함께 주가가 50일 이동평균선 이래로 주저앉았으므로 공매도 적기

주요한 주가 하락

V자형을 이룬 순잡이가 달린 컵형으로 말기 저점 패턴

50일 이동평균선 위로 세 번째 반등을 시도했지만 반등에 실패하면서 거래량이 크게 증가했다.

New Issue $8

Volume

돌파 실패 후 주가는 다음 5주 동안 급락했고 거의 반 토막이 났다. 하락세가 지속된 다섯 번째 주에는 강력한 지지선이 나타났다. 주가가 앞에 있는 손잡이가 달린 컵형의 저점 아래로 떨어졌을 때다. 주가는 엄청난 거래량과 함께 반등해 거의 주간 가격 범위의 꼭대기까지 올라갔다. 이런 점에서 씨큐브는 우리가 그동안 살펴본 예들과 약간 다르다.

그 뒤 주가가 세 차례 반등했지만 매번 전보다 가격이 낮아졌다. 그리고 주간 차트상 반등 때마다 50일 이동평균선 위에서 거래되기는 했지만, 종가가 50일 이동평균선을 넘지는 못했다. 50일 이동평균선 위로 세 번째 반등이 일어났을 때는 그전의 두 차례보다 멀리 가지 못했다. 이미 상승 동력을 잃어버렸다는 신호다. 세 번째 반등이 거래량이 크게 증가한 가운데 이뤄졌지만 힘을 받지 못했으며 주가는 50일 이동평균선 아래로 다시 내려갔다. 그 뒤 17주 동안 주가는 20달러 초반대로 하락했다.

이 예에서 배워야 할 중요한 점은 주가가 천정에서 최초로 하락하고 나서는 반등이 있다는 것이다. 형태는 다양할 수 있지만 한 번이나 두세 번, 혹은 그 이상 반등이 일어나 주가가 다시 50일 이동평균선까지, 혹은 그 위로 상승할 수 있음을 기억해야 한다. 때문에 너무 일찍 공매도에 나선다면 낭패를 당할 것이다. 잘나가던 주식을 싼 가격에 살 수 있다고 생각한 저가 매수자들이 한꺼번에 몰려들기 때문이다. 그 뒤 반등은 보통 약화되는 기미를 보여준다. 주간 차트에서 주가는 50일 이동평균선 위에서 종가를 형성하거나, 50일 이동평균선 위로 올라가지만 그 아래에서 종가를 형성하거나, 아니면 바로 50일 이동평균선에서 저항을 만나거나 하는 다양한 모습을 보여준다. 하지만 반등이 어떤 모습을 보이든 공매도 거래자들은 언제가 마지막 반등인지 판단할 수 있어야 하며, 주가가 하락하고 하락 거래량이 큰 폭으로 증가하는 정확한 시점에서 행동에 나서야 한다.

그 외 최적의 공매도 사례들

공매도는 매수보다 훨씬 더 어려운 거래 방법이며, 훨씬 높은 수준의 기술을 필요로 한다. 따라서 면밀한 연구와 꾸준한 훈련이 필요하다. 당신은 다음에 나오는 예에서 이 책의 본문에서 다룬 공매도 거래의 개념을 보다 상세히 알려줄 많은 연구 재료들을 보게 될 것이다. 실전 사례들을 살펴보고 연구함으로써 이상적인 공매도 후보들을 어떻게 찾을 수 있는지 더욱 확실히 알게 될 것이다.

차트 3.14   보잉(주간)

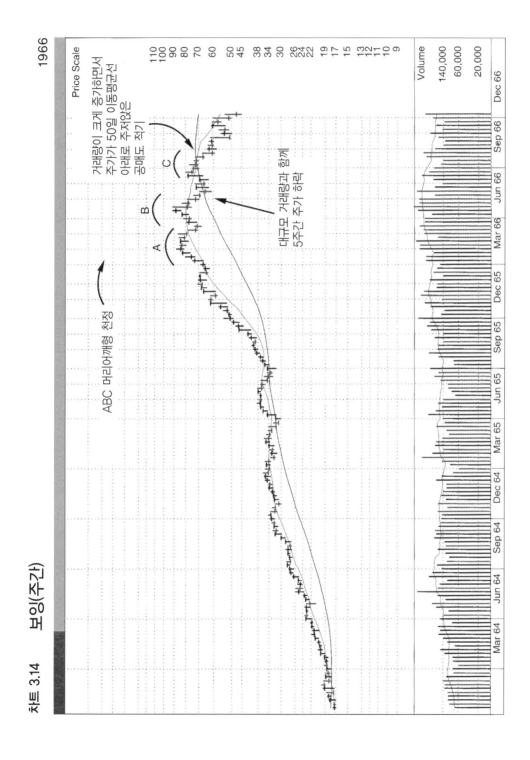

ABC 머리어깨형 천정

거래량이 크게 증가하면서
주가가 50일 이동평균선
아래로 주저앉은
공매도 적기

대규모 거래량과 함께
5주간 주가 하락

Price Scale

1966

Volume

차트 3.15   모토롤라(주간)

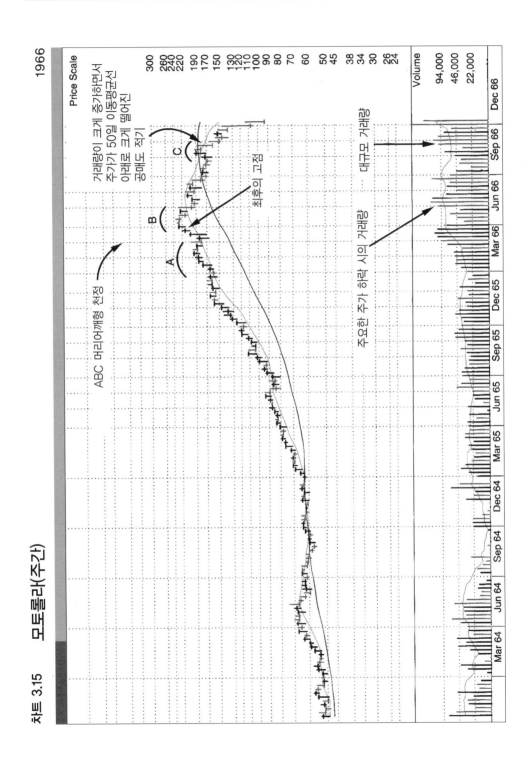

ABC 머리어깨형 천정

거래량이 크게 증가하면서
주가가 50일 이동평균선
아래로 크게 떨어진
공매도 적기

좌측의 고점

주요한 주가 하락 시의 거래량

대규모 거래량

Price Scale

1966

Volume

차트 3.16   솔리트론 디바이스(주간)

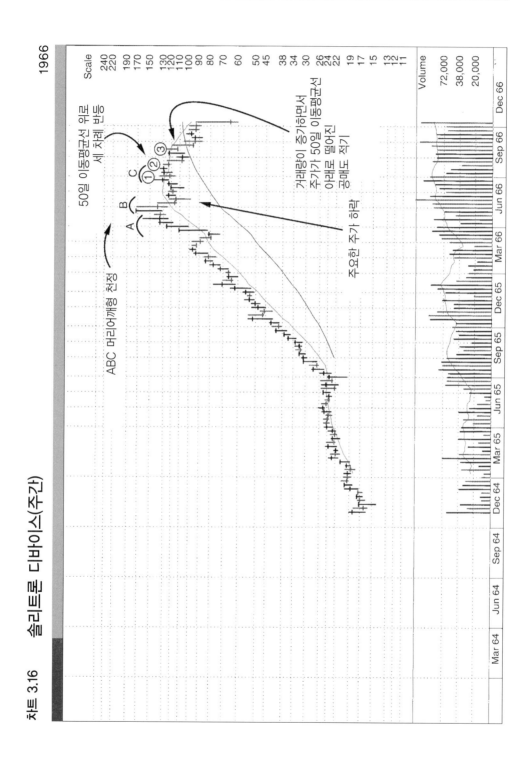

1966

50일 이동평균선 위로
세 차례 반등

ABC 머리어깨형 천정

Scale
240
220
190
170
150
130
120
110
100
90
80
70
60
50
45
38
34
30
26
24
22
19
17
15
13
12
11

거래량이 증가하면서
주가가 50일 이동평균선
아래로 떨어진
공매도 적기

주요한 주가 하락

C
① ② ③

B
A

Volume
72,000
38,000
20,000

Mar 64   Jun 64   Sep 64   Dec 64   Mar 65   Jun 65   Sep 65   Dec 65   Mar 66   Jun 66   Sep 66   Dec 66

차트 3.17   윌리엄스 컴퍼니(주간)

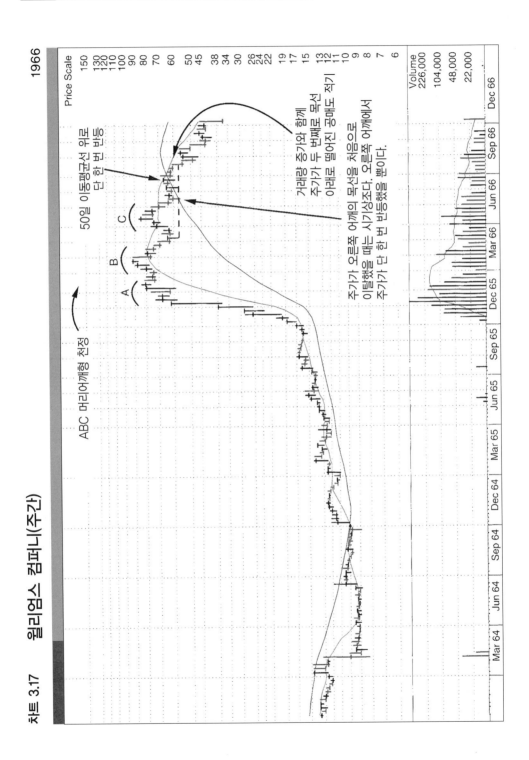

Price Scale   1966

ABC 머리어깨형 천정

50일 이동평균선 위로
단 한 번 반등

거래량 증가와 함께
주가가 두 번째로 목선
아래로 떨어진 공매도 적기

주가가 오른쪽 어깨의 목선을 처음으로
이탈했을 때는 시기상조다. 오른쪽 어깨에서
주가가 단 한 번 반등했을 뿐이다.

Volume
226,000
104,000
48,000
22,000

차트 3.18 슬라이드 프로덕트(주간) 1966

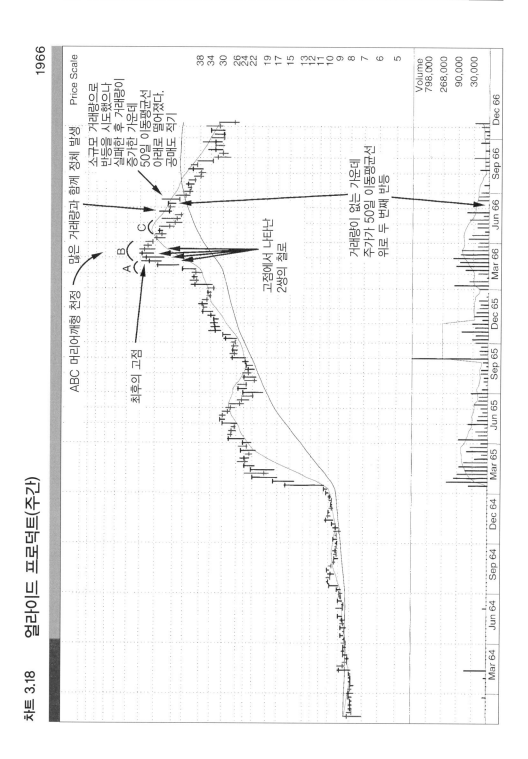

Price Scale

ABC 머리어깨형 천정

낮은 거래량과 함께 천정 발생

소규모 거래량으로 반등을 시도했으나 실패한 후 거래량이 증가한 가운데 50일 이동평균선 아래로 떨어졌다.

공매도 적기

거래량이 없는 가운데 주가가 50일 이동평균선 위로 두 번째 반등

천정에서 나타난 2생의 철로

최후의 고점

A B C

38
34
30
26
24
22
19
17
15
13
12
11
10
9
8
7
6
5

Volume
798,000
268,000
90,000
30,000

Mar 64 Jun 64 Sep 64 Dec 64 Mar 65 Jun 65 Sep 65 Dec 65 Mar 66 Jun 66 Sep 66 Dec 66

차트 3.19　다인코프(주간)

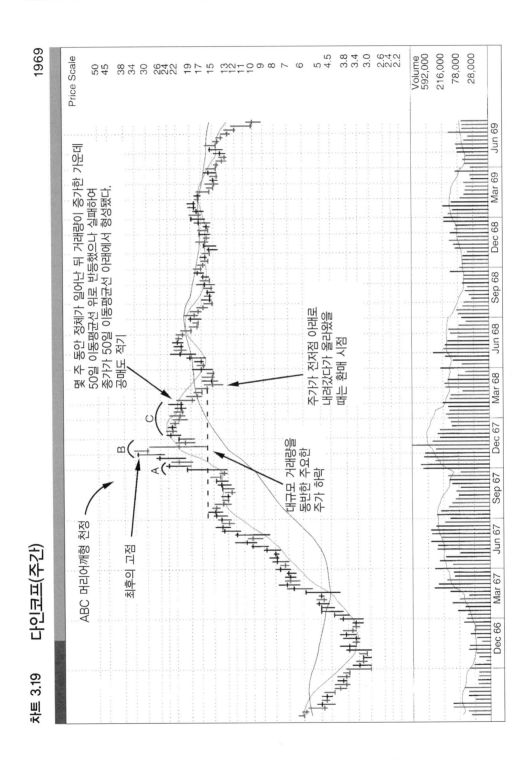

몇 주 동안 정체가 일어난 뒤 거래량이 증가한 가운데
50일 이동평균선 위로 반등했으나 실패하여
종가가 50일 이동평균선 아래에서 형성됐다.
공매도 적기

ABC 머리어깨형 천정

최후의 고점

대규모 거래량을
동반한 주요한
주가 하락

주가가 전저점 아래로
내려갔다가 올라왔을
때는 환매 시점

1969

차트 3.20   모노그램 인더스트리(주간)   1969

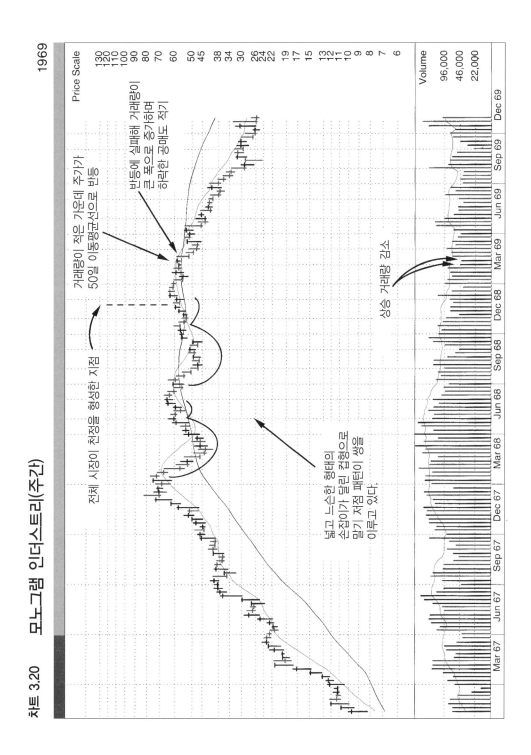

Price Scale

| 130 |
| 120 |
| 110 |
| 100 |
| 90 |
| 80 |
| 70 |
| 60 |
| 50 |
| 45 |
| 38 |
| 34 |
| 30 |
| 26 |
| 24 |
| 22 |
| 19 |
| 17 |
| 15 |
| 13 |
| 12 |
| 11 |
| 10 |
| 9 |
| 8 |
| 7 |
| 6 |

전체 시장이 천정을 형성한 지점

거래량이 적은 가운데 주가가
50일 이동평균선으로 반등

반등에 실패해 거래량이
큰 폭으로 증가하며
하락한 공매도 적기

넓고 느슨한 형태의
손잡이가 달린 컵형으로
말기 저점 패턴이 셋을
이루고 있다.

상승 거래량 감소

Volume

96,000
46,000
22,000

Mar 67   Jun 67   Sep 67   Dec 67   Mar 68   Jun 68   Sep 68   Dec 68   Mar 69   Jun 69   Sep 69   Dec 69

차트 3.21　　선스트랜드(주간)

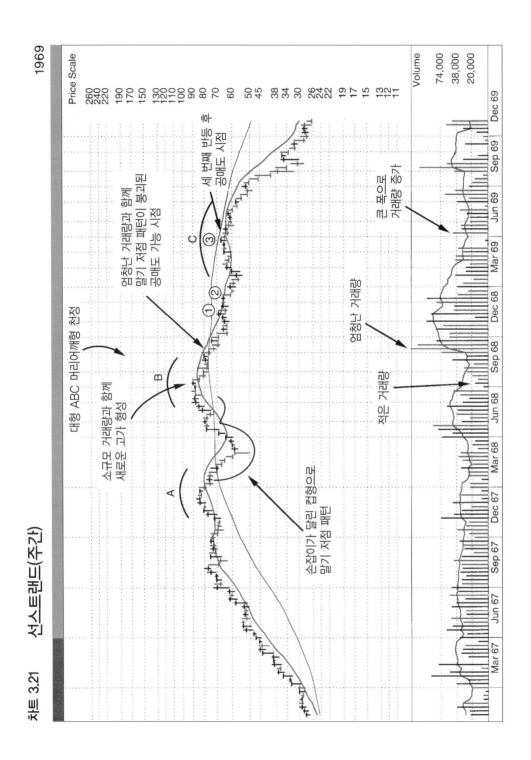

1969

Price Scale

대형 ABC 머리어깨형 천정

소규모 거래량과 함께 새로운 고가 형성

엄청난 거래량과 함께 말기 저점 패턴이 붕괴된 공매도 가능 시점

세 번째 반등 후 공매도 시점

손잡이가 달린 컵형으로 말기 저점 패턴

엄청난 거래량

작은 거래량

큰 폭으로 거래량 증가

Volume

74,000

38,000

20,000

차트 3.22   에얼린(주간)   1970

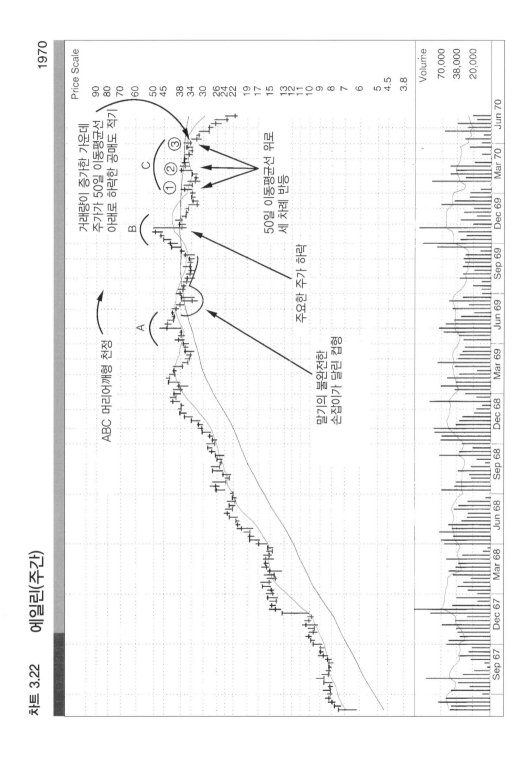

Price Scale

ABC 머리어깨형 천정

거래량이 증가한 가운데
주가가 50일 이동평균선
아래로 하락해 공매도 적기

50일 이동평균선 위로
세 차례 반등

주요한 주가 하락

말기의 불완전한
손잡이가 달린 컵형

Volume
70,000
38,000
20,000

차트 3.23   라디오색(주간)

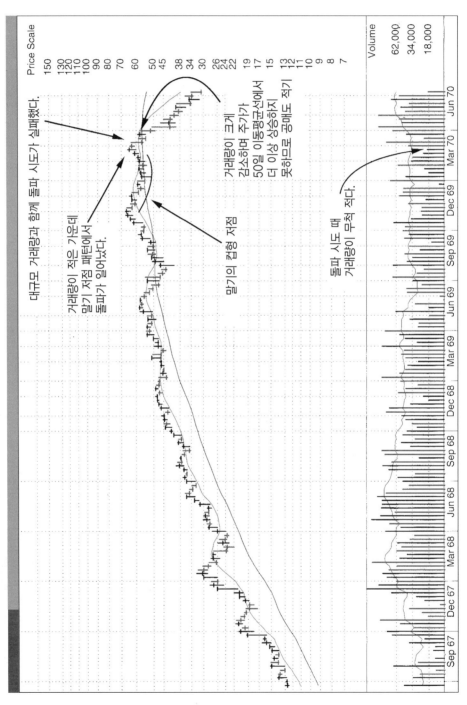

1970

Price Scale

대규모 거래량과 함께 돌파 시도가 실패했다.

거래량이 적은 가운데
말기 저점 패턴에서
돌파가 일어났다.

말기의 컵형 저점

거래량이 크게
감소하며 주가가
50일 이동평균선에서
더 이상 상승하지
못하므로 공매도 적기

돌파 시도 때
거래량이 무척 적다.

Volume

62,000
34,000
18,000

차트 3.24   힐튼 호텔(주간)

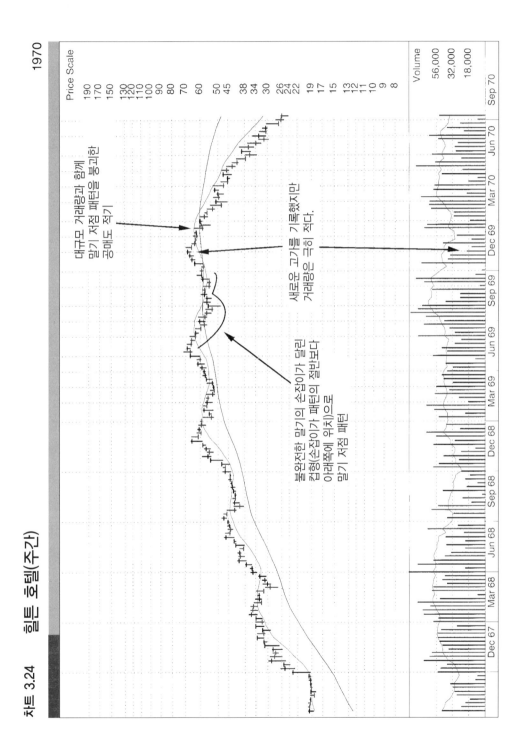

차트 3.25   컨트롤 데이터(주간)   1970

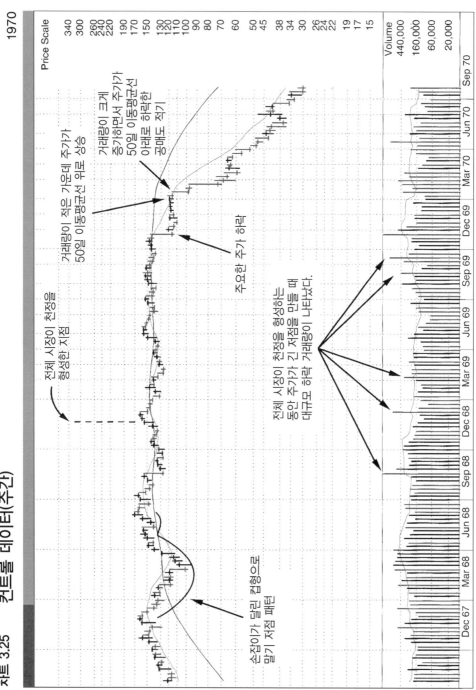

Price Scale

전체 시장이 천정을
형성한 지점

손잡이가 달린 컵 형으로
말기 저점 패턴

전체 시장이 천정을 형성하는
동안 주가가 긴 저점을 만들 때
대규모 하락 거래량이 나타났다.

거래량이 작은 가운데 주가가
50일 이동평균선 위로 상승

거래량이 크게
증가하면서 주가가
50일 이동평균선
아래로 하락한
공매도 적기

주요한 주가 하락

Volume

차트 3.26　유니시스(주간)

1970

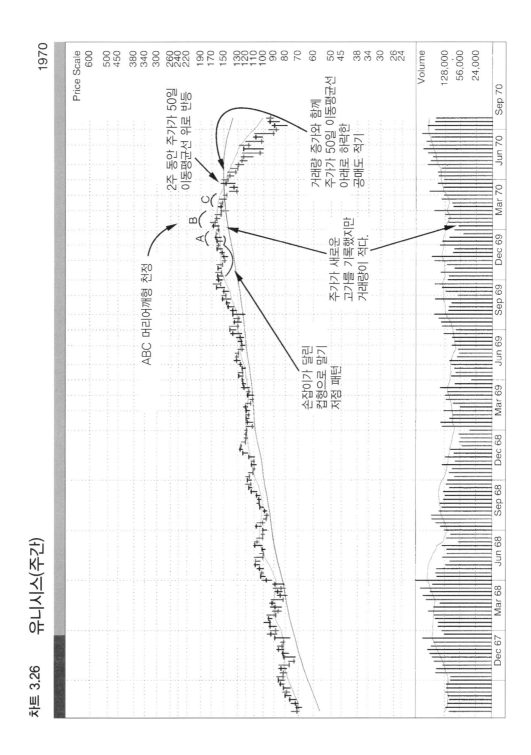

Price Scale

2주 동안 주가가 50일
이동평균선 위로 반등

거래량 증가와 함께
주가가 50일 이동평균선
아래로 하락하면
공매도 적기

ABC 머리어깨형 천정

주가가 새로운
고가를 기록했지만
거래량이 적다.

손잡이가 달린
컵형으로 말린
저점 패턴

Volume

차트 3.27   컴퓨터 사이언스(주간)

1970

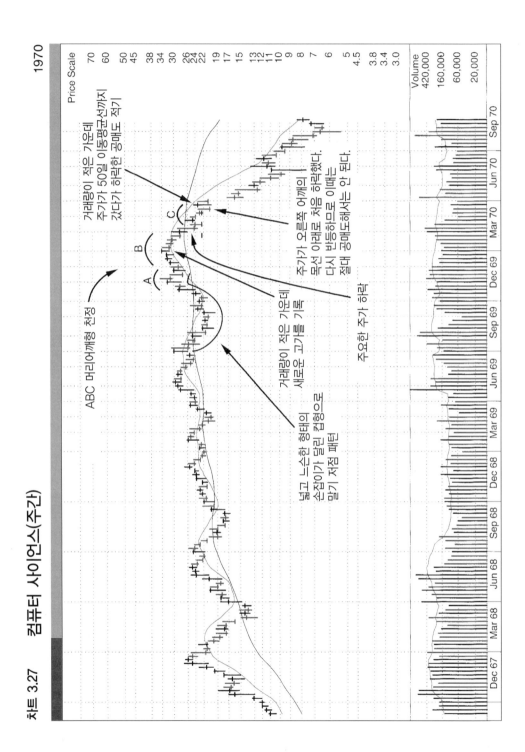

ABC 머리어깨형 천정

거래량이 적은 가운데 주가가 50일 이동평균선까지 갔다가 하락한 공매도 적기

넓고 느슨한 형태이나 손잡이가 달린 컵형으로 말기 저점 패턴

거래량이 적은 가운데 새로운 고가를 기록

주가가 오른쪽 어깨에 주가가 오른쪽 어깨이 목선 아래로 처음 하락했다. 다시 반등하므로 이때는 절대 공매도해서는 안 된다.

주요한 주가 하락

Price Scale

차트 3.28   플랜트 인더스트리(주간)

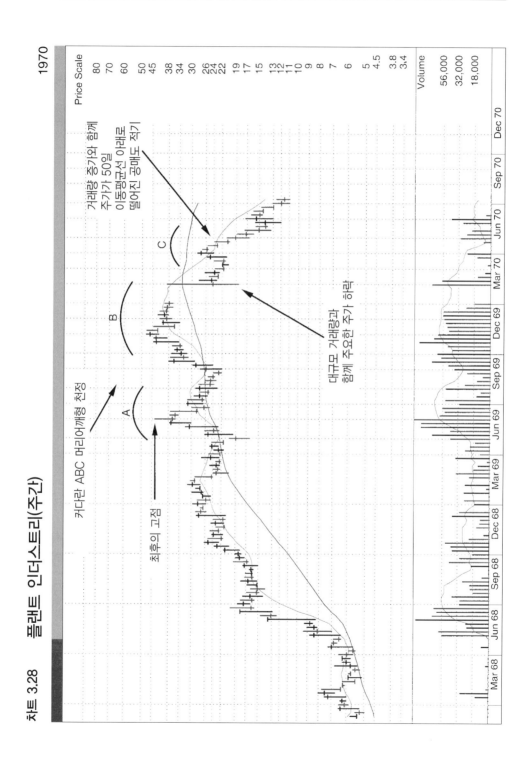

1970

Price Scale

거대한 ABC 머리어깨형 천정

최후의 고점

A

B

C

거래량 증가와 함께 주가가 50일 이동평균선 아래로 떨어진 공매도 적기

대규모 거래량과 함께 주요한 주가 하락

| Price Scale |
| 80 |
| 70 |
| 60 |
| 50 |
| 45 |
| 38 |
| 34 |
| 30 |
| 26 |
| 24 |
| 22 |
| 19 |
| 17 |
| 15 |
| 13 |
| 12 |
| 11 |
| 10 |
| 9 |
| 8 |
| 7 |
| 6 |
| 5 |
| 4.5 |
| 3.8 |
| 3.4 |

Volume
56,000
32,000
18,000

Mar 68 Jun 68 Sep 68 Dec 68 Mar 69 Jun 69 Sep 69 Dec 69 Mar 70 Jun 70 Sep 70 Dec 70

차트 3.29   보쉬 앤 롬(주간)

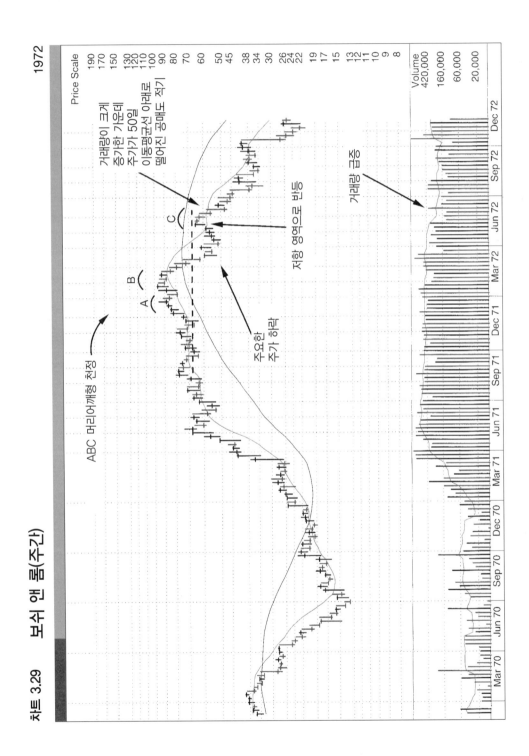

1972

Price Scale

190
170
150
130
120
110
100
90
80
70
60
50
45
38
34
30
26
24
22
19
17
15
13
12
11
10
9
8

ABC 머리어깨형 전정

거래량이 크게
증가한 가운데
주가가 50일
이동평균선 아래로
떨어진 공매도 적기

A B C

저항 영역으로 반등

주요한
주가 하락

거래량 급증

Volume
420,000
160,000
60,000
20,000

Mar 70 Jun 70 Sep 70 Dec 70 Mar 71 Jun 71 Sep 71 Dec 71 Mar 72 Jun 72 Sep 72 Dec 72

차트 3.30   레비츠(주간)

1973

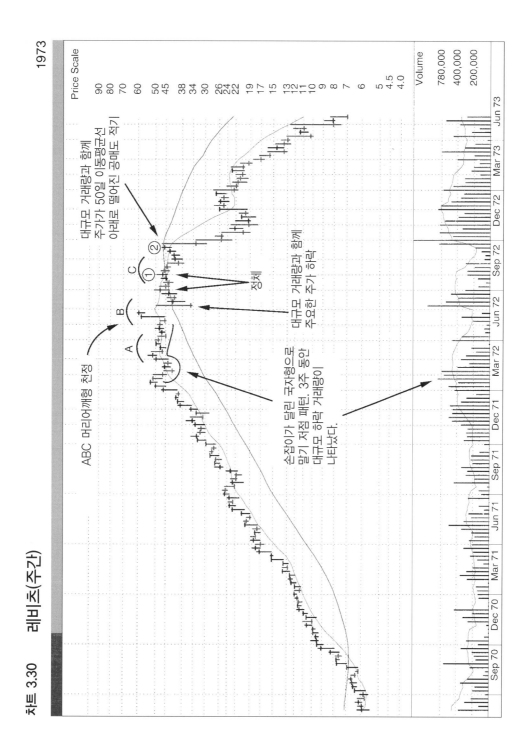

Price Scale

90
80
70
60

50
45

38
34
30

26
24
22

19
17
15

13
12
11
10
9
8
7

6

5
4.5
4.0

Volume

780,000
400,000
200,000

ABC 머리어깨형 천정

대규모 거래량과 함께
주가가 50일 이동평균군선
아래로 떨어진 공매도 적기

C
① ②

B

A

정체

대규모 거래량과 함께
주요한 주가 하락

순잡이가 달린 국자형으로
말기 저점 패턴. 3주 동안
대규모 하락 거래량이
나타났다.

Sep 70   Dec 70   Mar 71   Jun 71   Sep 71   Dec 71   Mar 72   Jun 72   Sep 72   Dec 72   Mar 73   Jun 73

차트 3.31   위네바고 인더스트리(주간)

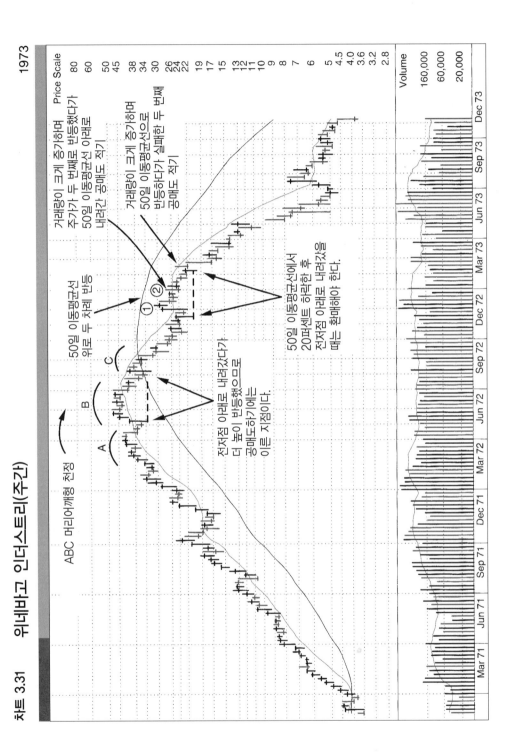

차트 3.32   나이트-리더(주간)

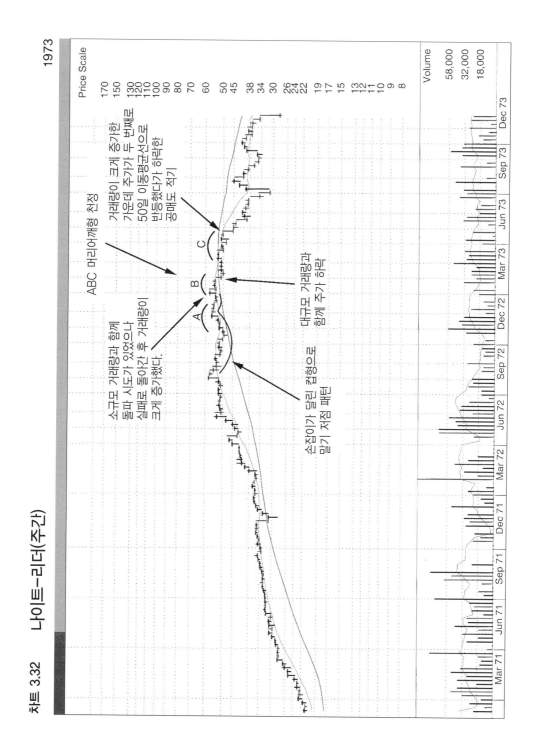

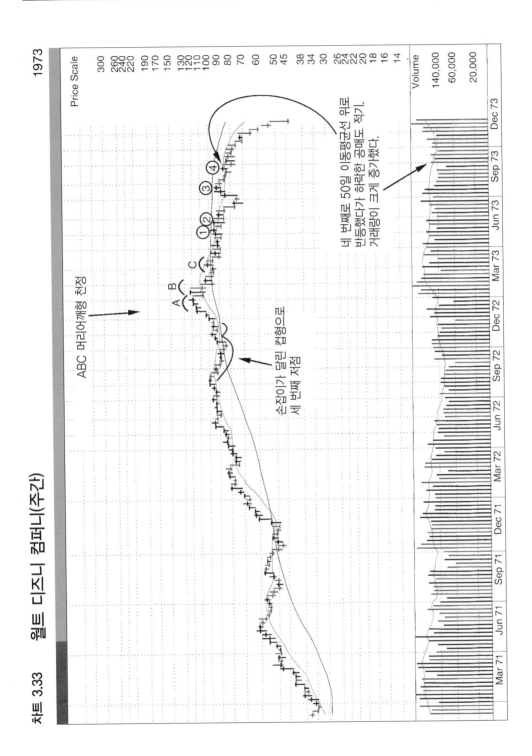

차트 3.33　　월트 디즈니 컴퍼니(주간)

1973

Price Scale

300
260
240
220
190
170
150
130
120
110
100
90
80
70
60
50
45
38
34
30
26
24
22
20
18
16
14

ABC 머리어깨형 천정

A B
C

① ② ③ ④

손잡이가 달린 컵형으로 세 번째 저점

네 번째로 50일 이동평균선 위로 반등했다가 하락한 공매도 적기. 거래량이 크게 증가했다.

Volume

140,000
60,000
20,000

Mar 71　Jun 71　Sep 71　Dec 71　Mar 72　Jun 72　Sep 72　Dec 72　Mar 73　Jun 73　Sep 73　Dec 73

차트 3.34   브런즈윅(주간)   1973

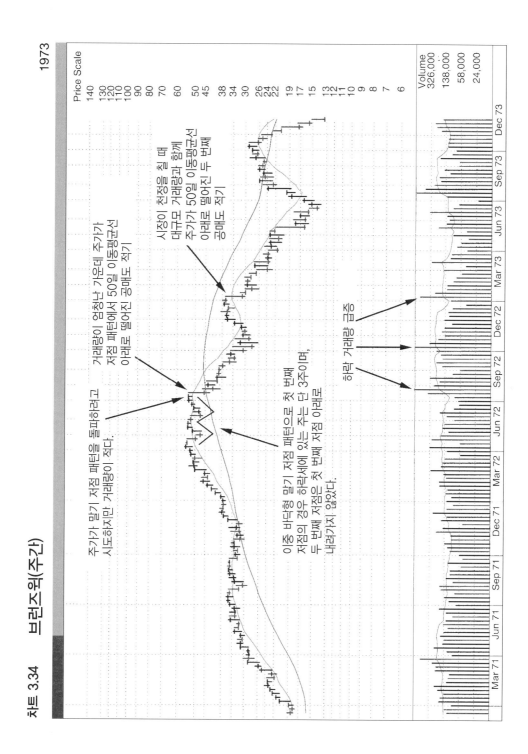

주가가 말기 저점 패턴을 돌파하려고
시도하지만 거래량이 적다.

거래량이 엄청난 가운데 주가가
저점 패턴에서 50일 이동평균선
아래로 떨어진 공매도 적기

시장이 천정을 칠 때
대규모 거래량과 함께
주가가 50일 이동평균선
아래로 떨어진 두 번째
공매도 적기

이중 바닥형 말기 저점 패턴으로 첫 번째
저점의 경우 하락세에 있는 주는 단 3주이며,
두 번째 저점은 첫 번째 저점 아래로
내려가지 않았다.

하락 거래량 급증

차트 3.35   카우프만 앤 브로드(주간)

1973

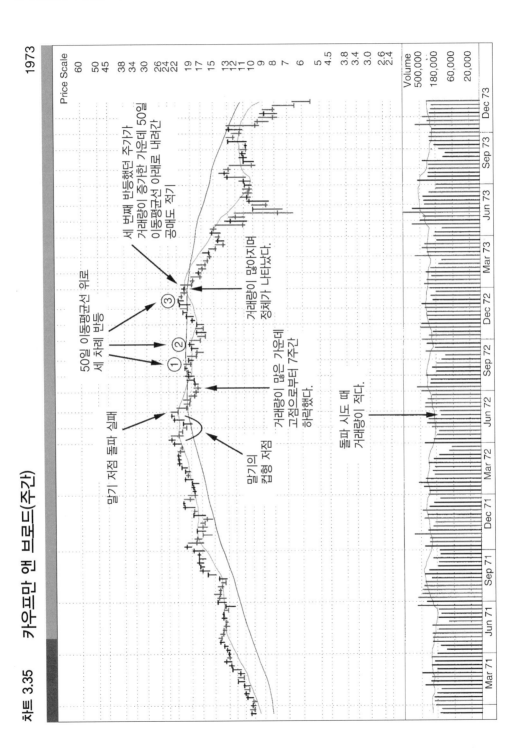

Price Scale

50일 이동평균선 위로
세 차례 반등

③

①②

50일 이동평균선 위로 반등

세 번째 반등했던 주가가
거래량이 증가한 가운데 50일
이동평균선 아래로 내려간
공매도 적기

거래량이 많아지며
정체가 나타났다.

거래량이 많은 가운데
고점으로부터 7주간
하락했다.

말기의 경향 저점

말기 저점 돌파 실패

돌파 시도 때
거래량이 적다.

Volume
500,000
180,000
60,000
20,000

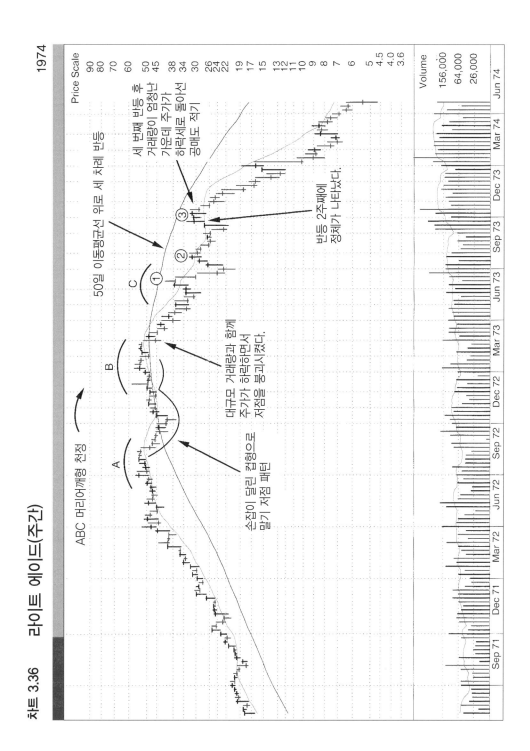

차트 3.36　라이트 에이드(주간)

1974

Price Scale

ABC 머리어깨형 천정

50일 이동평균선 위로 세 차례 반등

세 번째 반등 후
거래량이 엄청난
가운데 주가가
하락세로 돌아선
공매도 적기

반등 2주째에
정체가 나타났다.

대규모 거래량과 함께
주가가 하락하면서
저점을 붕괴시켰다.

손잡이 달린 컵형으로
말기 저점 패턴

Volume

차트 3.37   트랜스월드 에어라인(주간)

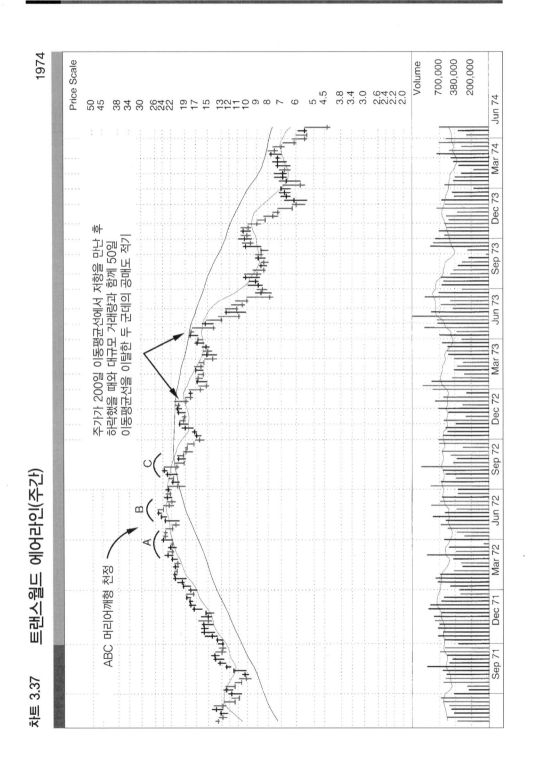

주가가 200일 이동평균선에서 저항을 만난 후
하락했을 때야 대규모 거래량과 함께 50일
이동평균선을 이탈한 두 군데의 공매도 적기

ABC 머리어깨형 천정

차트 3.38 뱅크 오브 아메리카(주간)

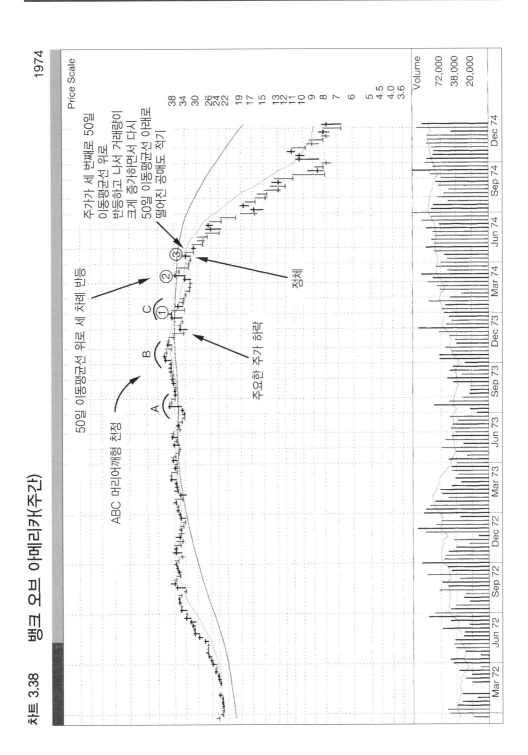

1974

Price Scale

주가가 세 번째로 50일
이동평균선 위로
반등하고 나서 거래량이
크게 증가하면서 다시
50일 이동평균선 아래로
떨어진 공매도 적기

50일 이동평균선 위로 세 차례 반등

ABC 머리어깨형 천정

정체

주요한 주가 하락

Volume

72,000
38,000
20,000

차트 3.39 코카콜라(주간)

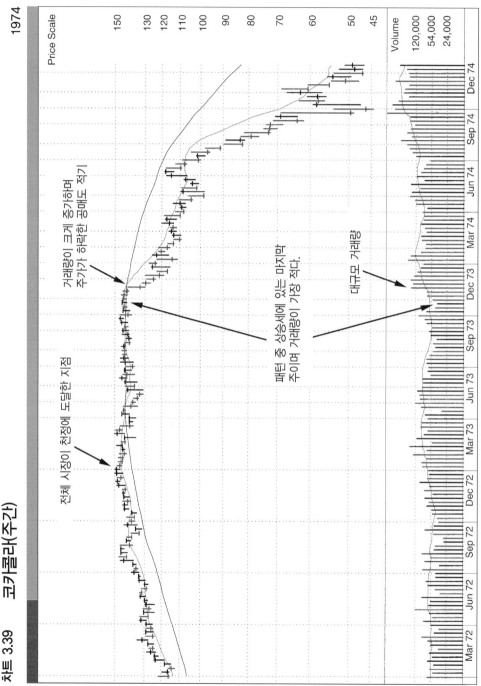

1974

Price Scale

150
130
120
110
100
90
80
70
60
50
45

Volume

120,000
54,000
24,000

전체 시장이 천정에 도달한 지점

거래량이 크게 증가하며 주가가 하락한 공매도 적기

패턴 중 상승세에 있는 마지막 주이며 거래량이 가장 적다.

대규모 거래량

Mar 72   Jun 72   Sep 72   Dec 72   Mar 73   Jun 73   Sep 73   Dec 73   Mar 74   Jun 74   Sep 74   Dec 74

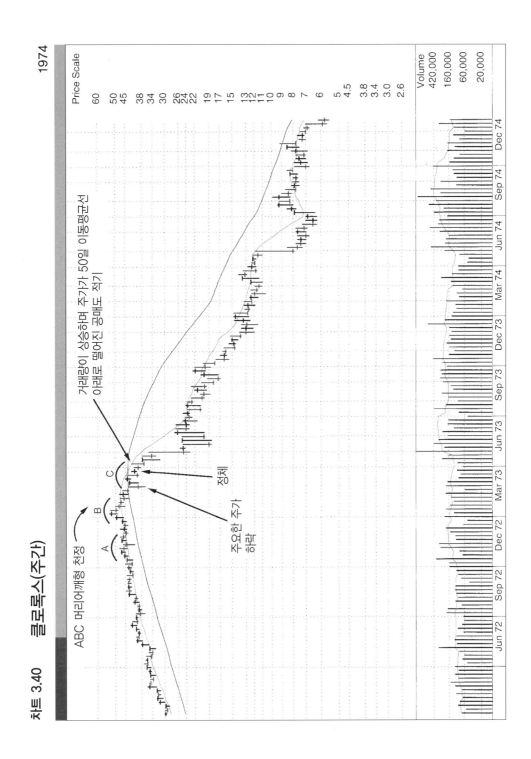

차트 3.40   쿨로룩스(주간)

1974

ABC 머리어깨형 천정

거래량이 상승하며 주가가 50일 이동평균선
아래로 떨어진 공매도 적기

정체

주요한 주가
하락

Price Scale

60

50
45

38
34

30

26
24
22

19
17

15

13
12
11

10
9

8

7

6

5

4.5

3.8
3.4

3.0

2.6

Volume
420,000
160,000
60,000
20,000

Jun 72   Sep 72   Dec 72   Mar 73   Jun 73   Sep 73   Dec 73   Mar 74   Jun 74   Sep 74   Dec 74

차트 3.41   메드트로닉(주간)

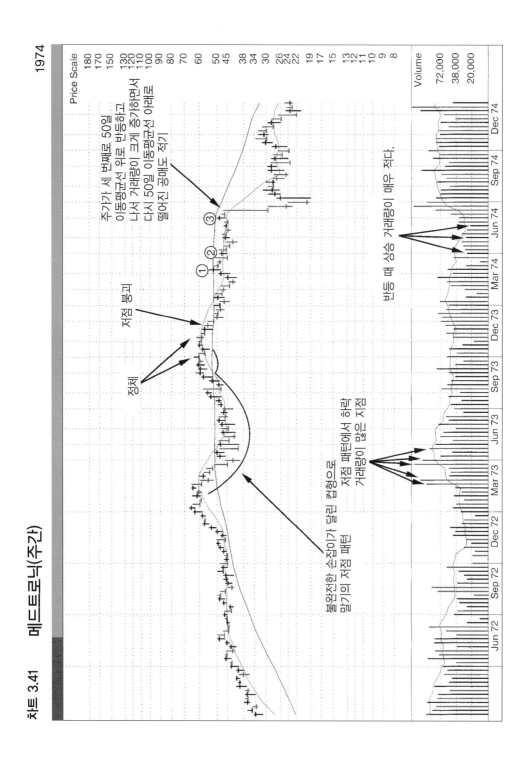

주가가 세 번째로 50일
이동평균선 위로 반등하고
나서 거래량이 크게 증가하면서
다시 50일 이동평균선 아래로
떨어진 공매도 적기

저점 붕괴

정체

불완전한 순진이가 달린 컵형으로
말기의 저점 패턴

저점 패턴에서 하락
거래량이 많은 지점

반등 매 상승 거래량이 매우 적다.

1974

Price Scale   180
               170
               150
               130
               120
               110
               100
                90
                80
                70
                60
                50
                45
                38
                34
                30
                26
                24
                22
                19
                17
                15
                13
                12
                11
                10
                 9
                 8

Volume   72,000
          38,000
          20,000

Jun 72 Sep 72 Dec 72 Mar 73 Jun 73 Sep 73 Dec 73 Mar 74 Jun 74 Sep 74 Dec 74

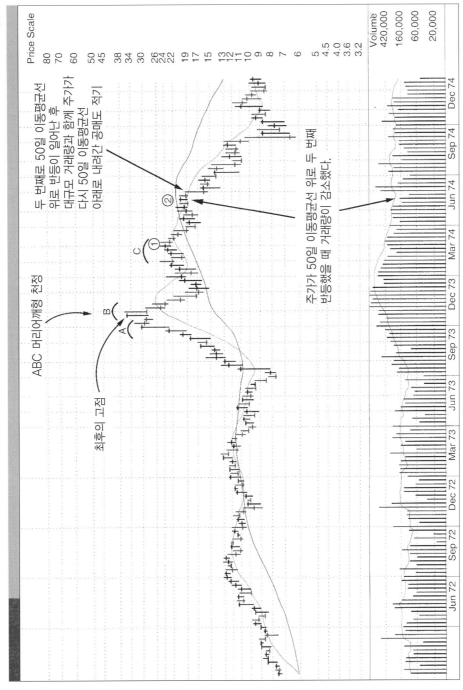

차트 3.42　내셔널 세미컨덕터(주간)

1974

Price Scale

ABC 머리어깨형 천정

두 번째로 50일 이동평균선
위로 반등이 일어난 후
대규모 거래량과 함께 주가가
다시 50일 이동평균선
아래로 내려간 공매도 적기

주가가 50일 이동평균선 위로 두 번째
반등했을 때 거래량이 감소했다.

차트 3.43   스냅온(주간)

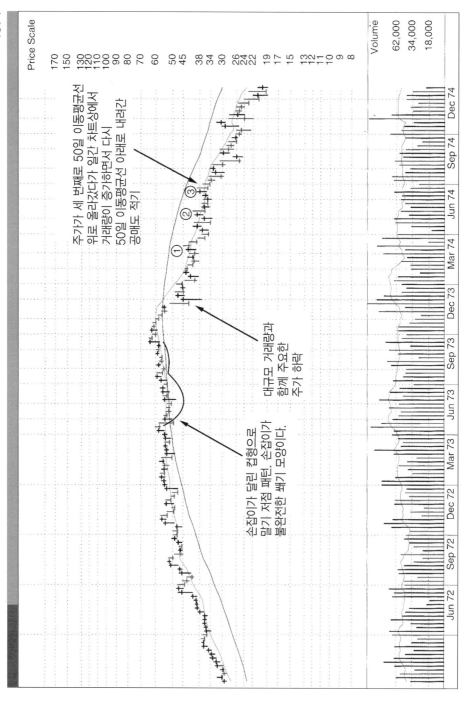

1974

Price Scale

170
150
130
120
110
100
90
80
70

60

50
45

38
34

30

26
24
22

19

17

15

13
12
11
10

9

8

주가가 세 번째로 50일 이동평균선
위로 올라갔다가 일간 차트상에서 다시
거래량이 증가하면서 아래로 내려간
50일 이동평균선 아래로 내려간
공매도 적기

① ② ③

손잡이가 달린 컵의 컵형으로
밑기 지점 패턴. 손잡이가
불완전한 쎄기 모양이다.

대규모 거래량과
함께 주요한
주가 하락

Volume

62,000

34,000

18,000

Jun 72   Sep 72   Dec 72   Mar 73   Jun 73   Sep 73   Dec 73   Mar 74   Jun 74   Sep 74   Dec 74

차트 3.44   헨디스 인터내셔널(주간)

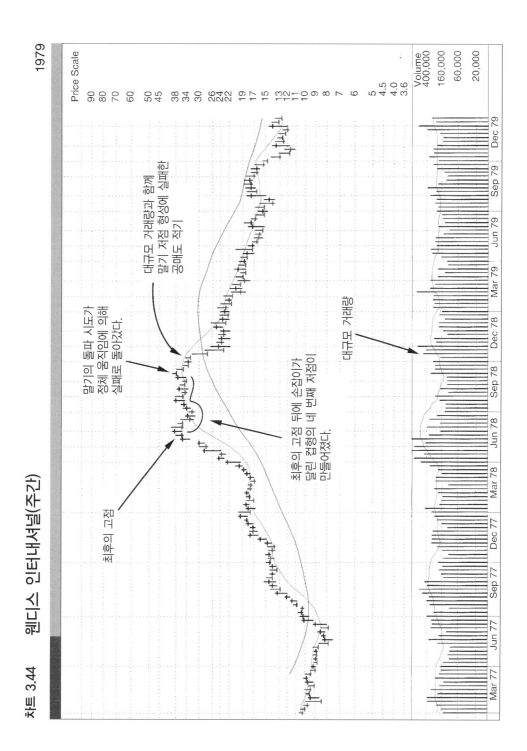

1979

Price Scale

90
80
70
60

50
45

38
34

30

26
24
22

19
17

15

13
12
11
10
9
8

7

6

5
4.5
4.0
3.6

최후의 고점

말기의 돌파 시도가
정체 움직임에 의해
실패로 돌아갔다.

대규모 거래량과 함께
말기 저점 형성에 실패한
공매도 적기

최후의 고점 뒤에 손잡이가
달린 컵형이 네 번째 저점이
만들어졌다.

대규모 거래량

Volume
400,000

160,000

60,000

20,000

Mar 77   Jun 77   Sep 77   Dec 77   Mar 78   Jun 78   Sep 78   Dec 78   Mar 79   Jun 79   Sep 79   Dec 79

차트 3.45　　어드밴스드 마이크로 디바이스(주간)

1981

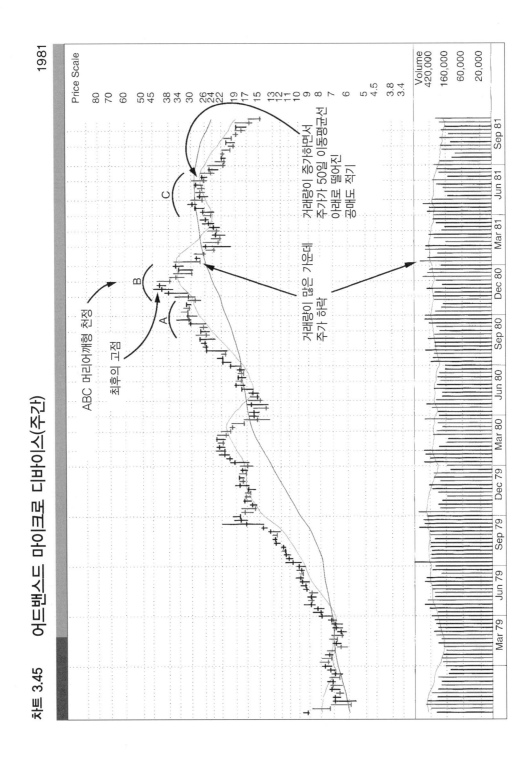

Price Scale

ABC 머리어깨형 천정

최후의 고점

거래량이 많은 가운데
주가 하락

거래량이 증가하면서
주가가 50일 이동평균선
아래로 떨어진
공매도 적기

차트 3.46   해리스(주간)   1982

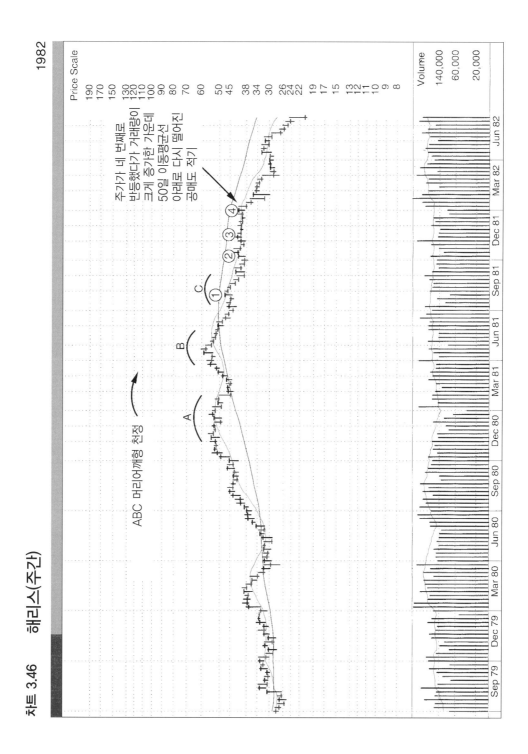

ABC 머리어깨형 천정

주가가 네 번째로
반등했다가 거래량이
크게 증가한 가운데
50일 이동평균선
아래로 다시 떨어진
공매도 적기

차트 3.47 헬머리치 앤 페인(주간)

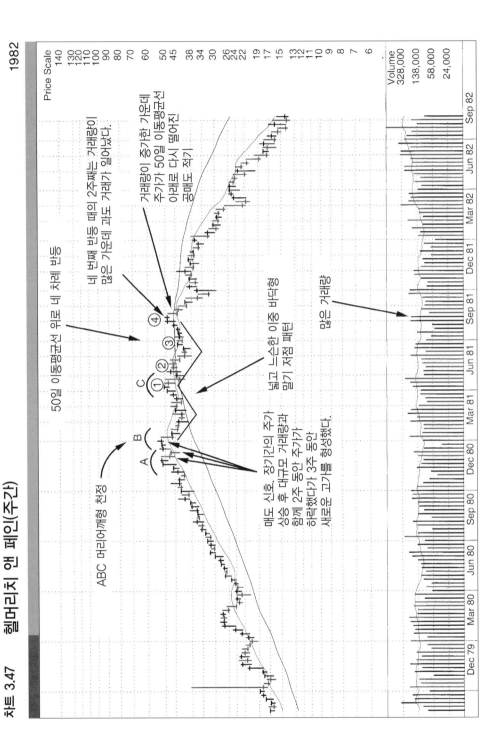

1982

ABC 머리어깨형 천정

50일 이동평균선 위로 네 차례 반등

네 번째 반등 때의 2주째는 거래량이
많은 가운데 과도 거래가 일어났다.

거래량이 증가한 가운데
주가가 50일 이동평균선
아래로 다시 떨어진
공매도 적기

넓고 느슨한 이중 바닥형
말기 저점 패턴

매도 신호. 장기간의 주가
상승 후 대규모 거래량과
함께 2주 동안 주가가
하락했다가 3주 동안
새로운 고가를 형성했다.

많은 거래량

Price Scale
140
130
120
110
100
90
80
70
60
50
45
38
34
30
26
24
22
19
17
15
13
12
11
10
9
8
7
6

Volume
328,000
138,000
58,000
24,000

Dec 79 Mar 80 Jun 80 Sep 80 Dec 80 Mar 81 Jun 81 Sep 81 Dec 81 Mar 82 Jun 82 Sep 82

차트 3.48   사이언티픽-애틀랜타(주간)

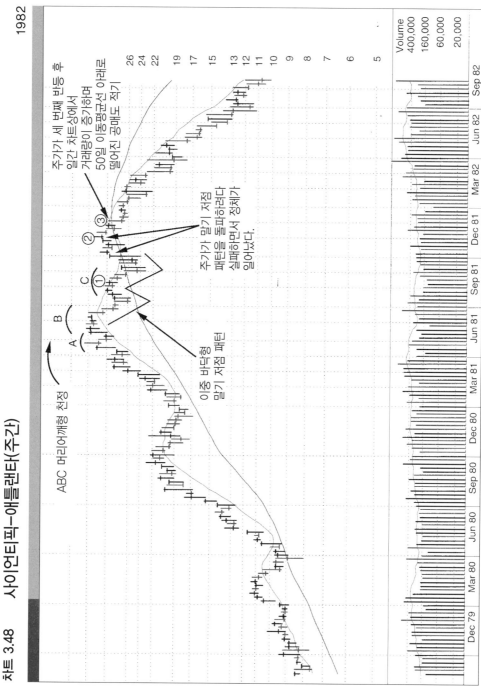

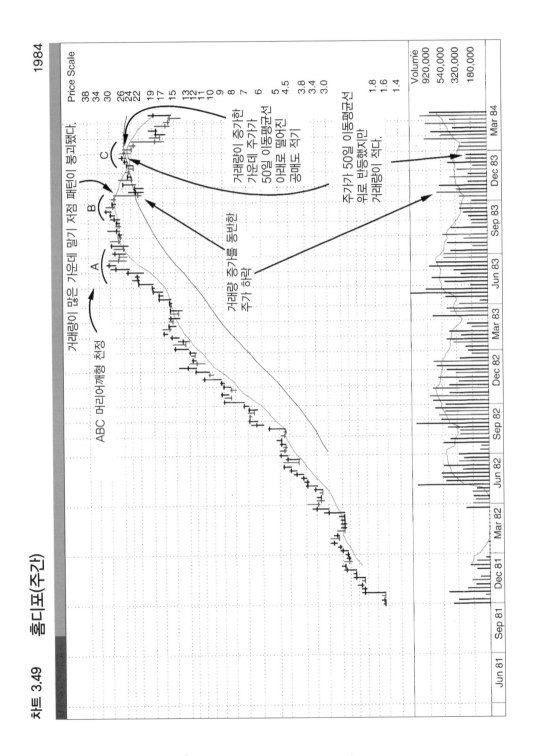

차트 3.49   홈디포(주간)

1984

Price Scale

거래량이 많은 가운데 밀기 저점 패턴이 붕괴됐다.

C

ABC 머리어깨형 천정

B

A

거래량이 증가한 가운데 주가가 50일 이동평균선 아래로 떨어진 공매도 적기

거래량 증가를 동반한 주가 하락

주가가 50일 이동평균선 위로 반등했지만 거래량이 적다.

Volume
920,000
540,000
320,000
180,000

차트 3.50   플랫우드 엔터프라이즈(주간)   1984

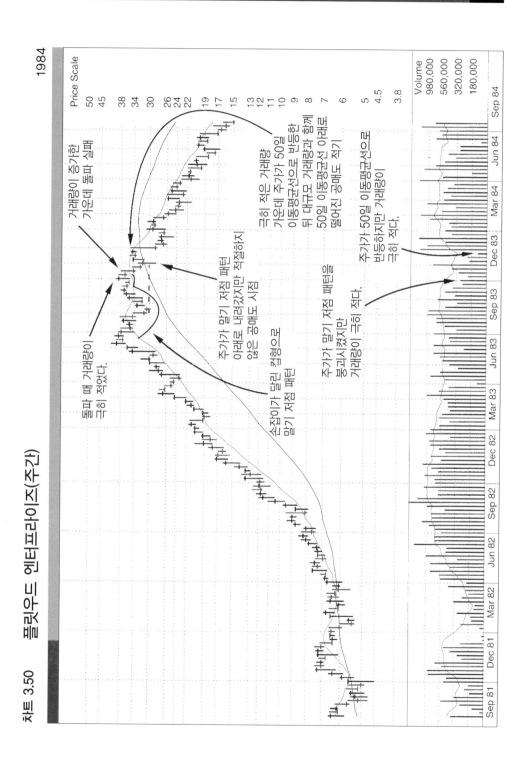

Price Scale

50
45

38
34
30

26
24
22

19
17
15

13
12
11
10
9
8
7
6

5
4.5

3.8

돌파 매수 거래량이
극히 적었다.

거래량이 증가한
가운데 돌파 실패

주가가 말기 저점 패턴
아래로 내려갔지만 적정하지
않은 공매도 시점

순전이가 달린 컵형으로
말기 저점 패턴

극히 작은 거래량
가운데 주가가 50일
이동평균선으로 반등한
뒤 대규모 거래량과 함께
50일 이동평균선 아래로
떨어진 공매도 적기

주가가 말기 저점 패턴을
붕괴시켰지만
거래량이 극히 적다.

주가가 50일 이동평균선으로
반등하지만 거래량이
극히 적다.

Volume
980,000
560,000
320,000
180,000

Sep 81 Dec 81 Mar 82 Jun 82 Sep 82 Dec 82 Mar 83 Jun 83 Sep 83 Dec 83 Mar 84 Jun 84 Sep 84

차트 3.51   폴타 홈즈(주간)

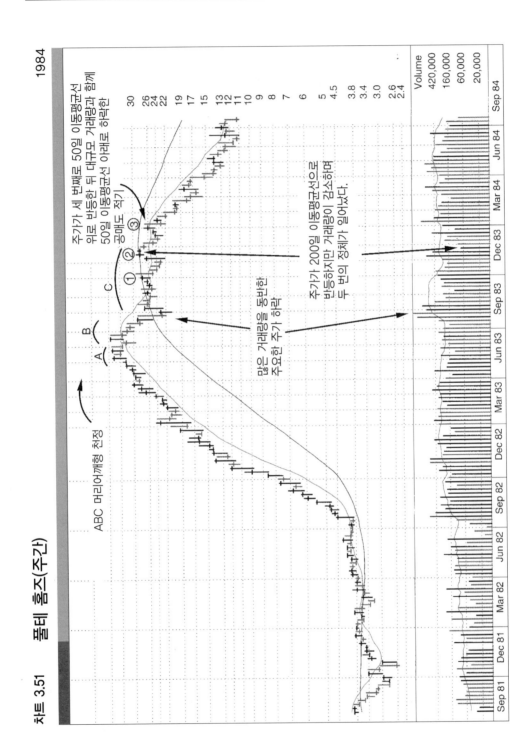

ABC 머리어깨형 천정

주가가 세 번째로 50일 이동평균선 위로 반등한 뒤 대규모 거래량과 함께 50일 이동평균선 아래로 하락한 → 공매도 적기

많은 거래량을 동반한 주요한 주가 하락

주가가 200일 이동평균선으로 반등하지만 거래량이 감소하며 두 번의 정체가 일어났다.

차트 3.52   나이키(주간)   1984

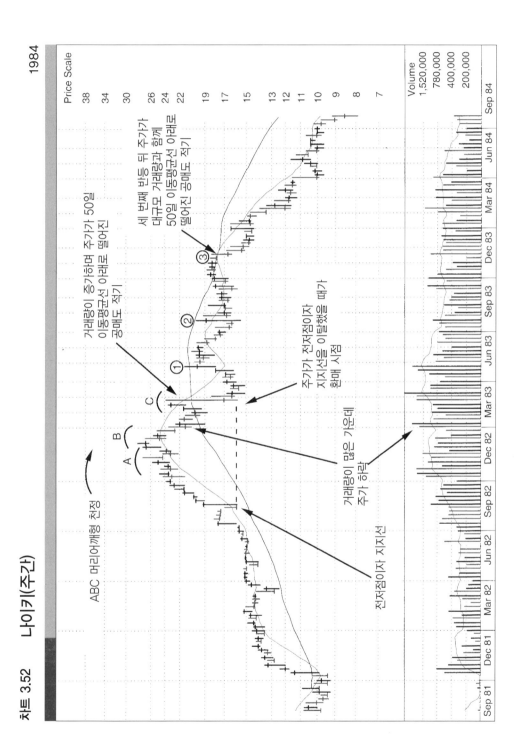

차트 3.53 메리 케이 코스메틱(주간)

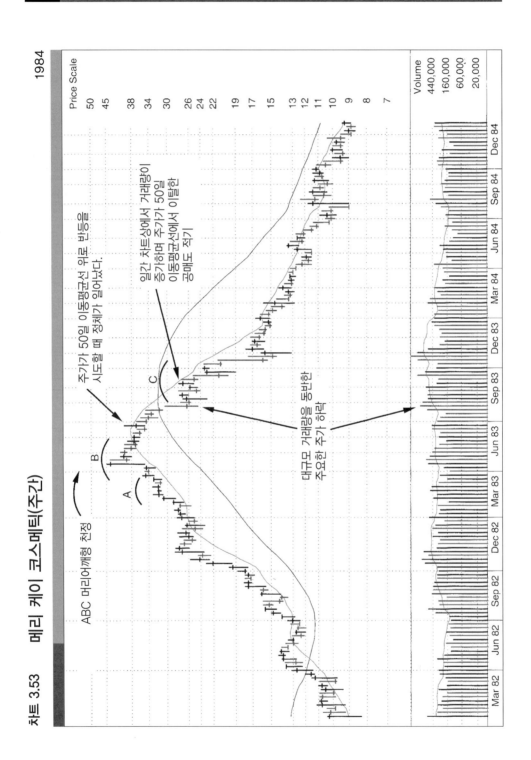

ABC 머리어깨형 천정

주가가 50일 이동평균선 위로 반등을
시도할 때 정체가 일어났다.

일간 차트상에서 거래량이
증가하며 주가가 50일
이동평균선에서 이탈한
공매도 적기

대규모 거래량을 동반한
주요한 주가 하락

Price Scale   1984

Volume
440,000
160,000
60,000
20,000

차트 3.54   어도비 시스템즈(주간)

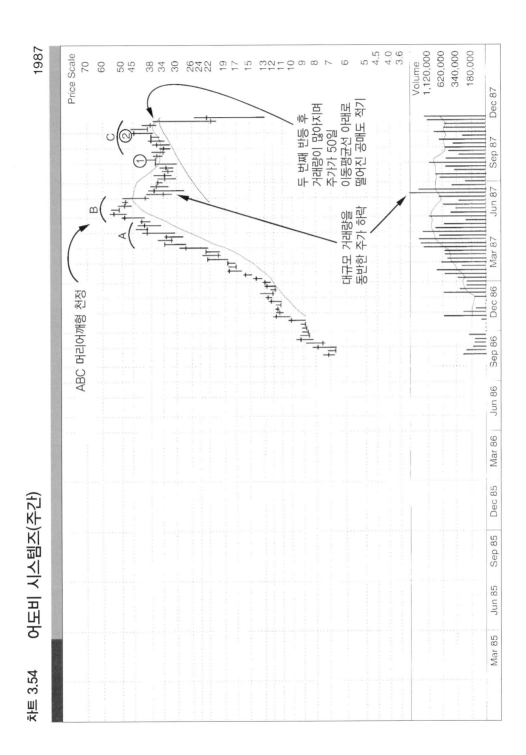

1987

Price Scale

ABC 머리어깨형 천정

두 번째 반등 후 거래량이 많아지며 주가가 50일 이동평균선 아래로 떨어진 공매도 적기

대규모 거래량을 동반한 주가 하락

Volume

차트 3.55   키론(주간)   1987

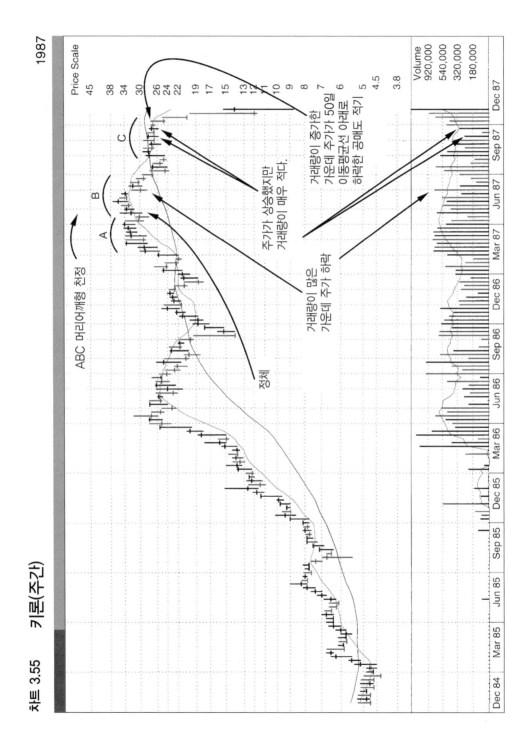

Price Scale

45
38
34
30
26
24
22
19
17
15
13
12
11
10
9
8
7
6
5
4.5
3.8

Volume
920,000
540,000
320,000
180,000

ABC 머리어깨형 천정

A B C

정체

주가가 상승했지만
거래량이 매우 적다.

거래량이 많은
가운데 주가 하락

거래량이 증가한
가운데 주가가 50일
이동평균선 아래로
하락한 공매도 적기

Dec 84 Mar 85 Jun 85 Sep 85 Dec 85 Mar 86 Jun 86 Sep 86 Dec 86 Mar 87 Jun 87 Sep 87 Dec 87

차트 3.56   리복 인터내셔널(주간)

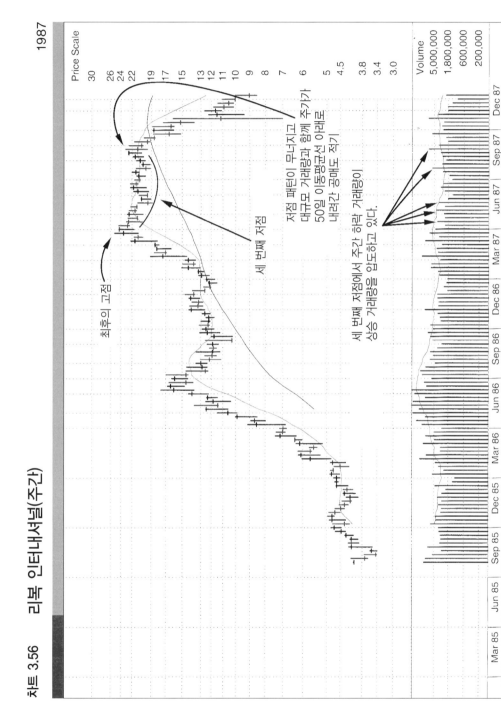

1987

Price Scale
30
26
24
22
19
17
15
13
12
11
10
9
8
7
6
5
4.5
3.8
3.4
3.0

최후의 고점

세 번째 저점

저점 패턴이 무너지고
대규모 거래량과 함께 주가가
50일 이동평균선 아래로
내려간 공매도 적기

세 번째 저점에서 주간 하락 거래량이
상승 거래량을 압도하고 있다.

Volume
5,000,000
1,800,000
600,000
200,000

Mar 85   Jun 85   Sep 85   Dec 85   Mar 86   Jun 86   Sep 86   Dec 86   Mar 87   Jun 87   Sep 87   Dec 87

차트 3.57   힐튼 호텔(주간)

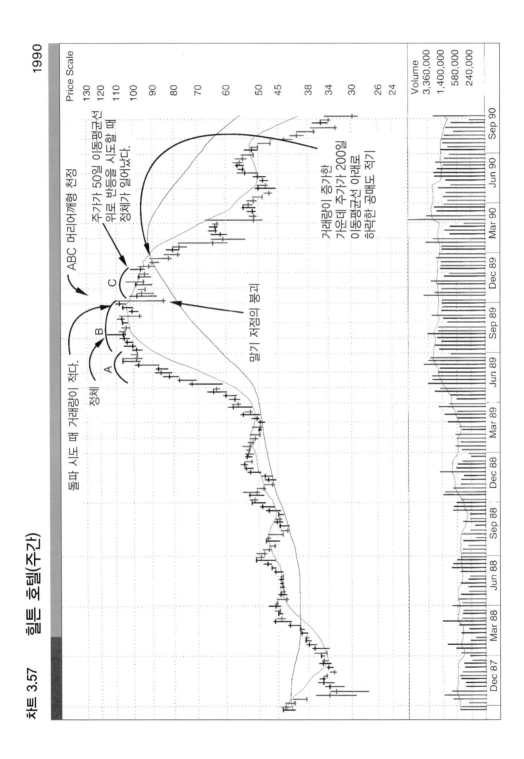

1990

Price Scale

130
120
110
100

90

80

70

60

50
45

38
34

30

26
24

돌파 시도 때 거래량이 적다.

ABC 머리어깨형 천정

정체

A
B
C

주가가 50일 이동평균선
위로 반등을 시도할 때
정체가 일어났다.

말기 저점이 붕괴

거래량이 증가한
가운데 주가가 200일
이동평균선 아래로
하락한 공매도 적기

Volume

3,360,000
1,400,000
580,000
240,000

Dec 87   Mar 88   Jun 88   Sep 88   Dec 88   Mar 89   Jun 89   Sep 89   Dec 89   Mar 90   Jun 90   Sep 90

차트 3.58 컴퓨터 어소시에이트 인터내셔널(주간)

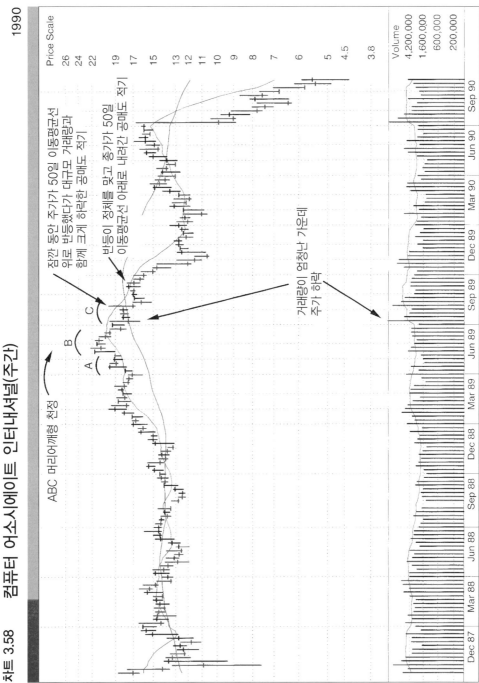

1990

Price Scale

ABC 머리어깨형 천정

잠깐 동안 주가가 50일 이동평균선
위로 반등했다가 대규모 거래량과
함께 크게 하락한 공매도 적기

반등이 정체를 맞고 종가가 50일
이동평균선 아래로 내려간 공매도 적기

거래량이 엄청난 가운데
주가 하락

Volume

차트 3.59   오라클(주간)

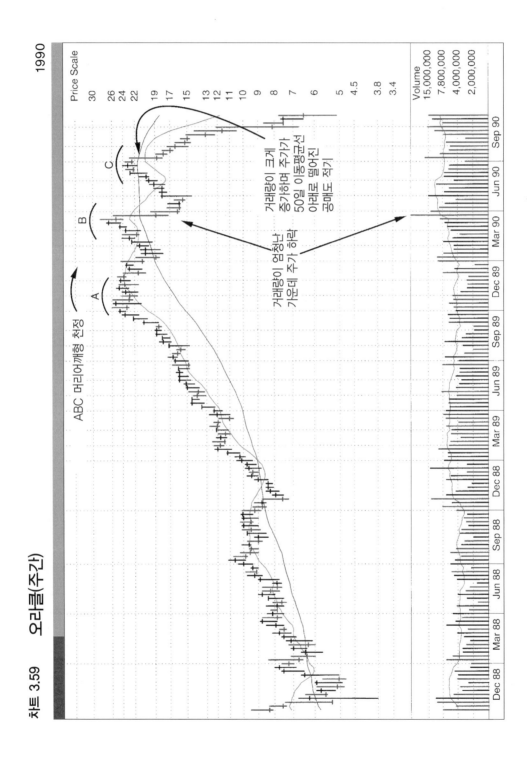

ABC 머리어깨형 천정

거래량이 엄청난 가운데 주가 하락

거래량이 크게 증가하며 주가가 50일 이동평균선 아래로 떨어진 공매도 적기

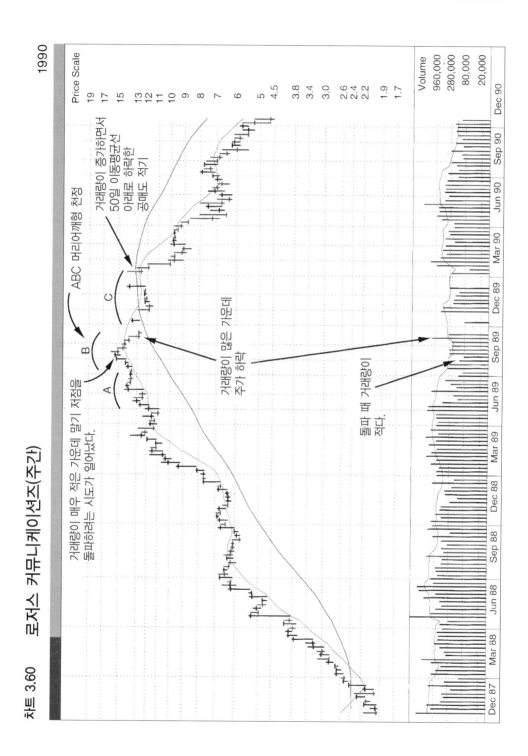

차트 3.60   로저스 커뮤니케이션즈(주간)   1990

거래량이 매우 작은 가운데 밀기 지점을
돌파하려는 시도가 일어났다.

ABC 머리어깨형 천정

거래량이 증가하면서
50일 이동평균선
아래로 하락한
공매도 적기

A   B   C

거래량이 많은 가운데
주가 하락

돌파 때 거래량이
적다.

Price Scale
19
17
15
13
12
11
10
9
8
7
6
5
4.5
3.8
3.4
3.0
2.6
2.4
2.2
1.9
1.7

Volume
960,000
280,000
80,000
20,000

Dec 87   Mar 88   Jun 88   Sep 88   Dec 88   Mar 89   Jun 89   Sep 89   Dec 89   Mar 90   Jun 90   Sep 90   Dec 90

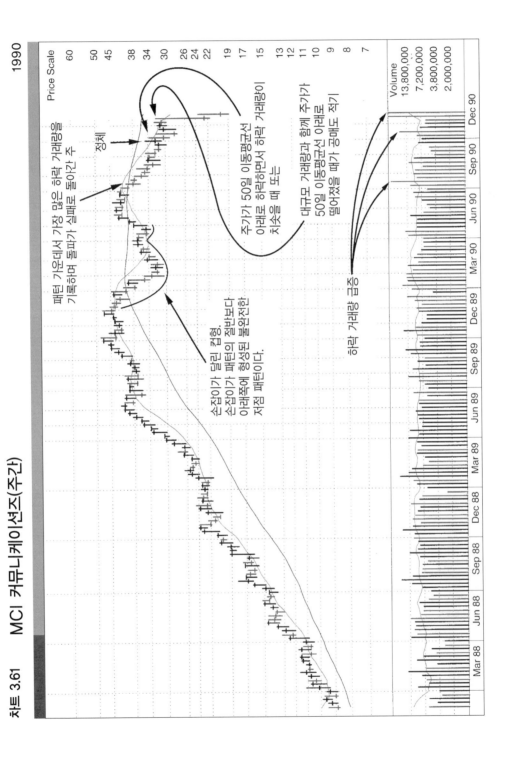

차트 3.61   MCI 커뮤니케이션즈(주간)

차트 3.62   US 서지컬(주간)

1993

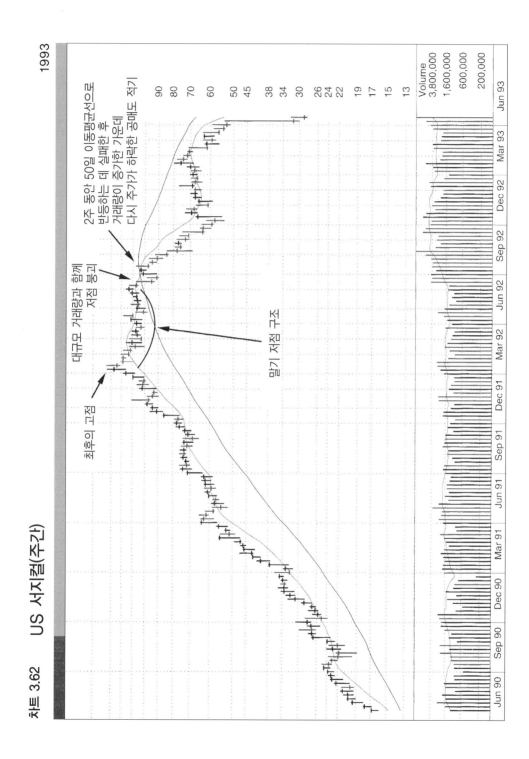

- 2주 동안 50일 이동평균선으로 반등하는 데 실패한 후 거래량이 증가한 가운데 다시 주가가 하락한 공매도 적기
- 대규모 거래량과 함께 저점 붕괴
- 좌측의 고점
- 말기 저점 구조

차트 3.63   인터보이스(주간)

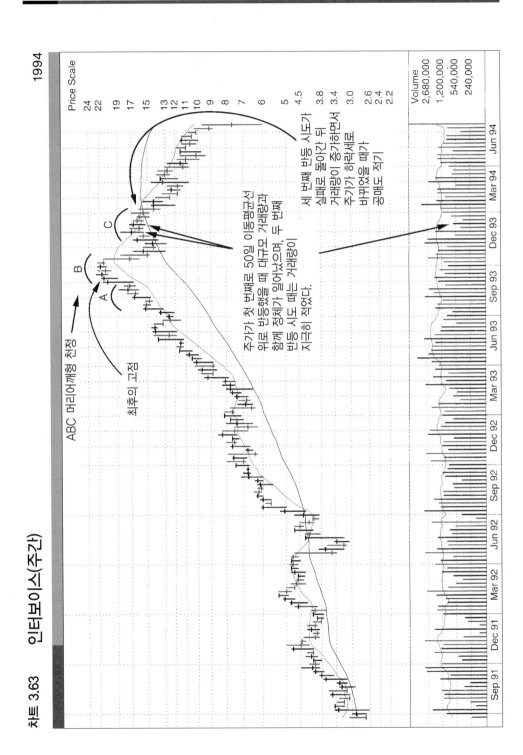

1994

Price Scale

24
22

19
17
15

13
12
11
10
9
8
7
6

5

4.5

3.8
3.4

3.0

2.6
2.4
2.2

ABC 머리어깨형 천정

좌후이 고점

주가가 첫 번째로 50일 이동평균선
아래로 반등했을 때 대규모 거래량과
함께 정체가 일어났으며, 두 번째
반등 시도 때는 거래량이
지극히 적었다.

세 번째 반등 시도가
실패로 돌아간 뒤
거래량이 증가하면서
주가가 하락세로
바뀌었을 때가
공매도 적기

A   B   C

Volume
2,680,000
1,200,000
540,000
240,000

Sep 91   Dec 91   Mar 92   Jun 92   Sep 92   Dec 92   Mar 93   Jun 93   Sep 93   Dec 93   Mar 94   Jun 94

차트 3.64   일렉트로닉 아트(주간)

1994

Price Scale

ABC 머리어깨형 천정

거래량이 증가한 가운데 50일 이동평균선
아래로 내려갔을 때가 공매도 적기

반등 후 주가가 50일 이동평균선 위에
머문 마지막 주에 거래량이 감소했다.

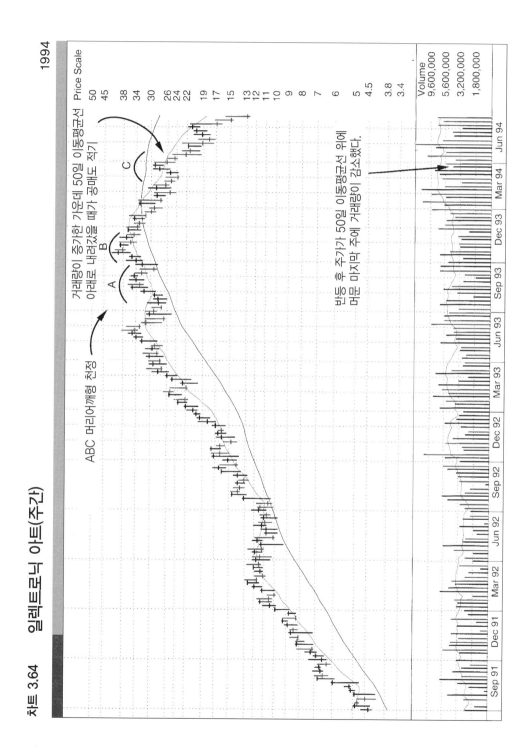

Volume
9,600,000
5,600,000
3,200,000
1,800,000

차트 3.65 인터내셔널 게임 테크놀로지(주간)

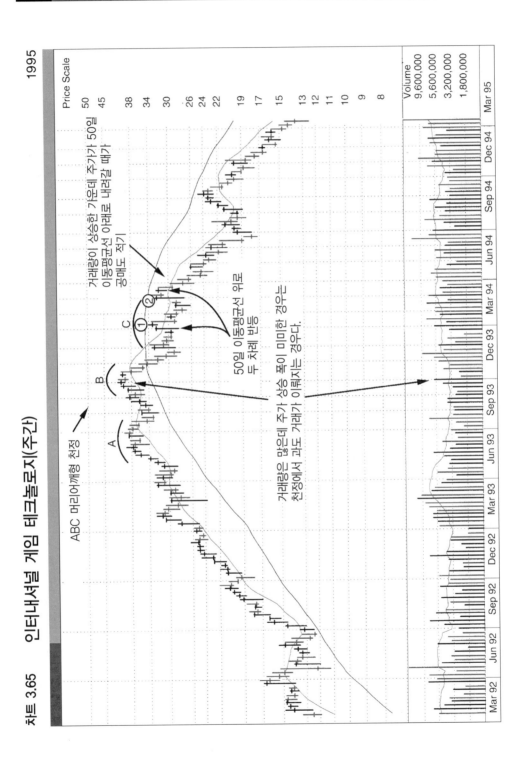

Price Scale

ABC 머리어깨형 천정

거래량이 상승한 가운데 주가가 50일
이동평균선 아래로 내려갈 때가
공매도 적기

50일 이동평균선 위로
두 차례 반등

거래량은 많은데 주가 상승 폭이 미미한 경우는
천정에서 과도 거래가 이뤄지는 경우다.

차트 3.66   인티그레이티드 실리콘 솔루션(주간)

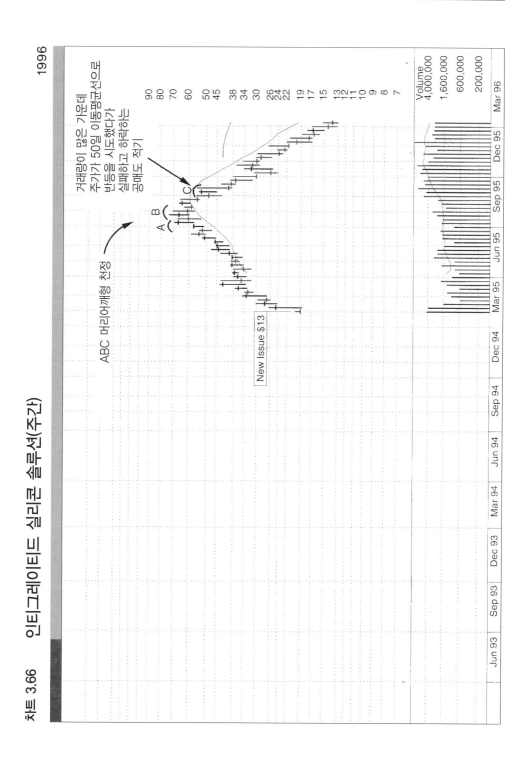

1996

거래량이 많은 가운데
주가가 50일 이동평균선으로
반등을 시도했다가
실패하고 하락하는
공매도 적기

ABC 머리어깨형 천정

New Issue $13

차트 3.67　　　베스트 바이 컴퍼니(주간)　　　1996

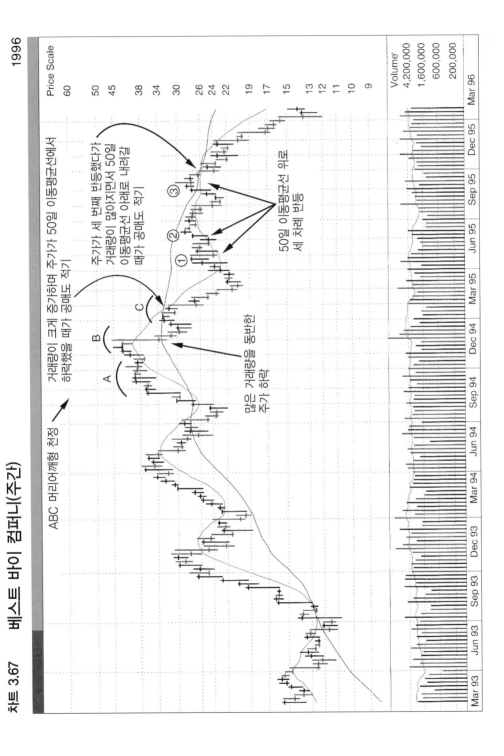

ABC 머리어깨형 천정

거래량이 크게 증가하며 주가가 50일 이동평균선에서
하락했을 때가 공매도 적기

주가가 세 번째 반등했다가
거래량이 많아지면서 50일
이동평균선 아래로 내려갈
때가 공매도 적기

50일 이동평균선 위로
세 차례 반등

많은 거래량을 동반한
주가 하락

Price Scale

60
50
45
38
34
30
26
24
22
19
17
15
13
12
11
10
9

Volume
4,200,000
1,600,000
600,000
200,000

Mar 93　Jun 93　Sep 93　Dec 93　Mar 94　Jun 94　Sep 94　Dec 94　Mar 95　Jun 95　Sep 95　Dec 95　Mar 96

차트 3.68   마이크론 테크놀로지(주간)

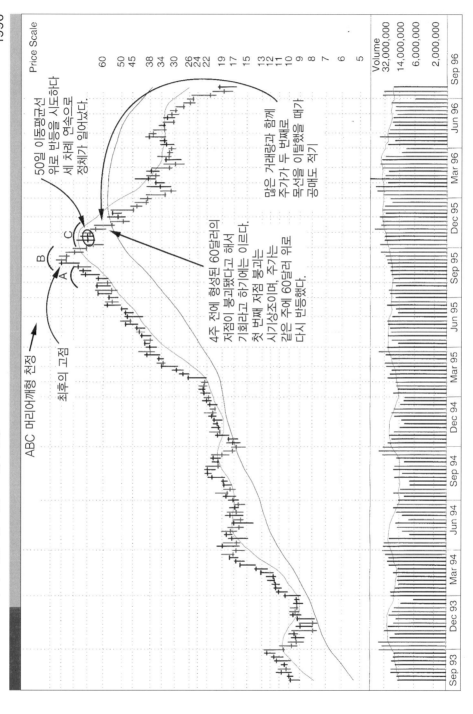

ABC 머리어깨형 천정

최후의 고점

50일 이동평균선 위로 반등을 시도하다 세 차례 연속으로 정체가 일어났다.

4주 전에 형성된 60달러의 저점이 붕괴됐다고 해서 기회라고 하기에는 이르다. 첫 번째 저점 붕괴는 시기상조이며, 주가는 같은 주에 60달러 위로 다시 반등했다.

많은 거래량과 함께 주가가 두 번째로 목선을 이탈했을 때가 공매도 적기

Price Scale

60
50
45
38
34
30
26
24
22
19
17
15
13
12
11
10
9
8
7
6
5

Volume
32,000,000
14,000,000
6,000,000
2,000,000

Sep 93 | Dec 93 | Mar 94 | Jun 94 | Sep 94 | Dec 94 | Mar 95 | Jun 95 | Sep 95 | Dec 95 | Mar 96 | Jun 96 | Sep 96

1996

차트 3.69   라이트(주간)

1997

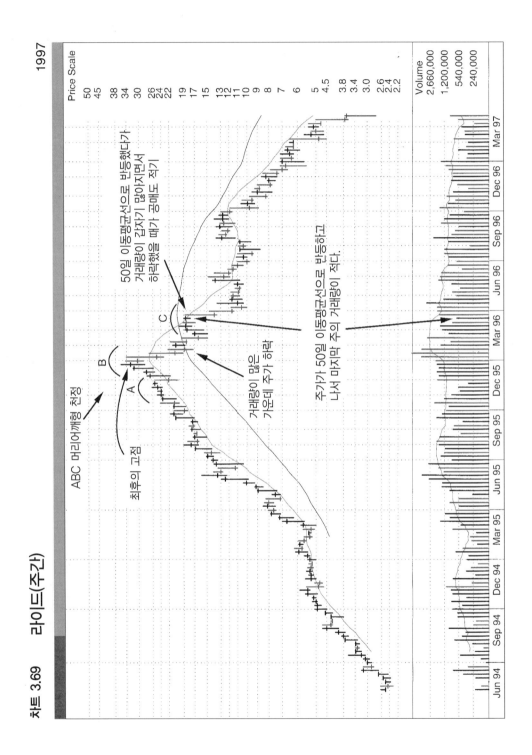

ABC 머리어깨형 천정

좌측이 고점

B

A

C

50일 이동평균선으로 반등했다가
거래량이 갑자기 많아지면서
하락했을 때가 공매도 적기

거래량이 많은
가운데 주가 하락

주가가 50일 이동평균선으로 반등하고
나서 마지막 주의 거래량이 적다.

Price Scale

50
45

38
34
30
26
24
22

19
17
15
13
12
11
10
9
8
7

6

5
4.5

3.8
3.4
3.0

2.6
2.4
2.2

Volume
2,660,000
1,200,000
540,000
240,000

Jun 94   Sep 94   Dec 94   Mar 95   Jun 95   Sep 95   Dec 95   Mar 96   Jun 96   Sep 96   Dec 96   Mar 97

차트 3.70 클래리파이(주간)

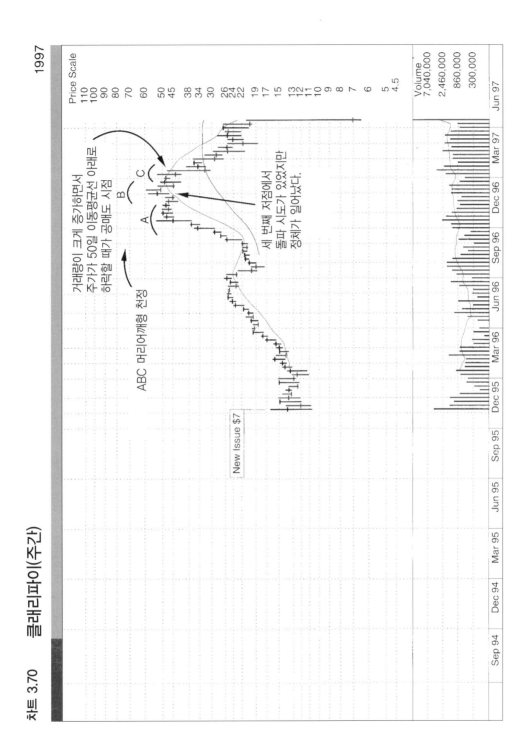

1997

Price Scale
110
100
90
80
70

60

50
45

38
34

30

26
24
22

19
17

15

13
12
11
10

9

8

7

6

5
4.5

Volume
7,040,000
2,460,000
860,000
300,000

Jun 97
Mar 97
Dec 96
Sep 96
Jun 96
Mar 96
Dec 95
Sep 95
Jun 95
Mar 95
Dec 94
Sep 94

거래량이 크게 증가하면서
주가가 50일 이동평균선 아래로
하락할 때가 공매도 시점

ABC 머리어깨형 천정

C

B

A

세 번째 저점에서
돌파 시도가 있었지만
정체가 일어났다.

New Issue $7

차트 3.71   글렌에어 테크놀로지(주간)

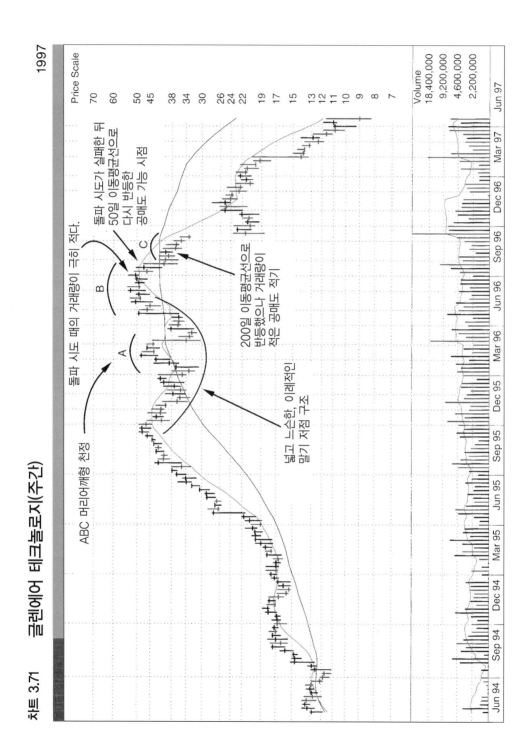

1997

Price Scale

ABC 머리어깨형 천정

돌파 시도 때의 거래량이 극히 적다.

돌파 시도가 실패한 뒤
50일 이동평균선으로
다시 반등한
공매도 가능 시점

A   B   C

200일 이동평균선으로
반등했으나 거래량이
작은 공매도 적기

넓고 느슨한, 이례적인
맡기 저점 구조

차트 3.72   매크로미디어(주간)   1997

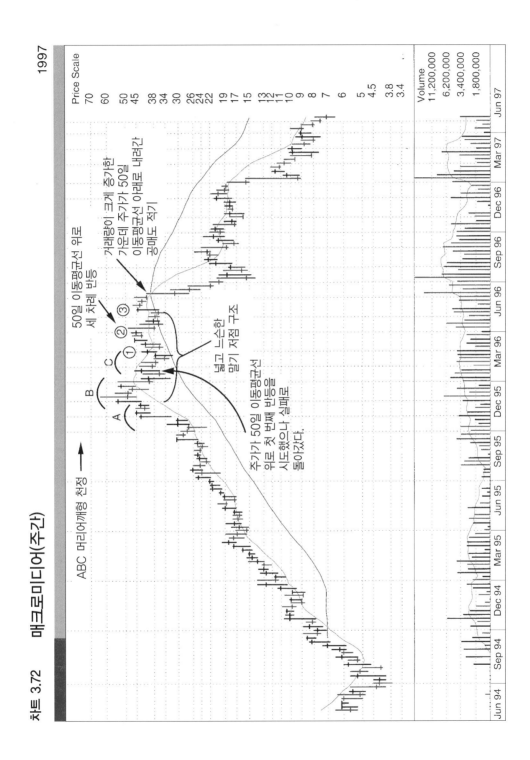

ABC 머리어깨형 천정 →

50일 이동평균선 위로
세 차례 반등

거래량이 크게 증가한
가운데 주가가 50일
이동평균선 아래로 내려간
공매도 적기

넓고 느슨한
말기 저점 구조

주가가 50일 이동평균선
위로 첫 번째 반등을
시도했으나 실패로
돌아갔다.

Price Scale
70
60
50
45
38
34
30
26
24
22
19
17
15
13
12
11
10
9
8
7
6
5
4.5
3.8
3.4

Volume
11,200,000
6,200,000
3,400,000
1,800,000

차트 3.73   페어게인 테크놀로지(주간)

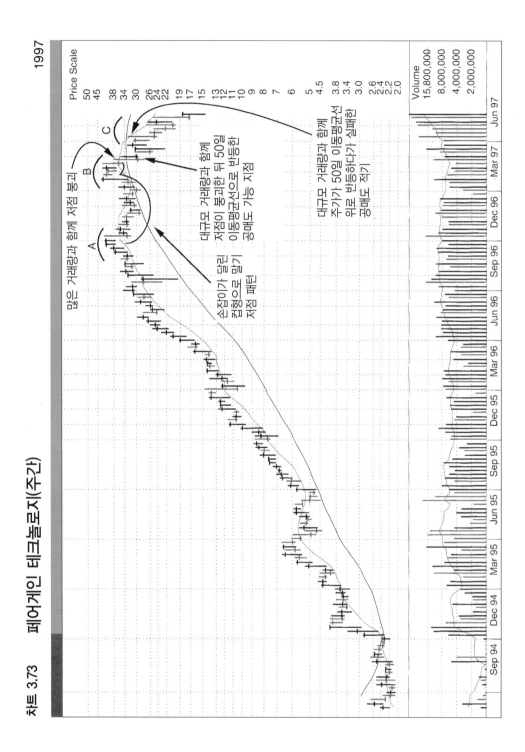

1997

Price Scale

50
45
38
34
30
26
24
22
19
17
15
13
12
11
10
9
8
7
6
5
4.5
3.8
3.4
3.0
2.6
2.4
2.2
2.0

많은 거래량과 함께 저점 붕괴

대규모 거래량과 함께
저점이 붕괴한 뒤 50일
이동평균선으로 반등한
공매도 가능 지점

손잡이가 달린
컵형으로 많기
저점 패턴

대규모 거래량과 함께
주가가 50일 이동평균선
위로 반등하다가 실패한
공매도 적기

Volume

15,800,000
8,000,000
4,000,000
2,000,000

Sep 94   Dec 94   Mar 95   Jun 95   Sep 95   Dec 95   Mar 96   Jun 96   Sep 96   Dec 96   Mar 97   Jun 97

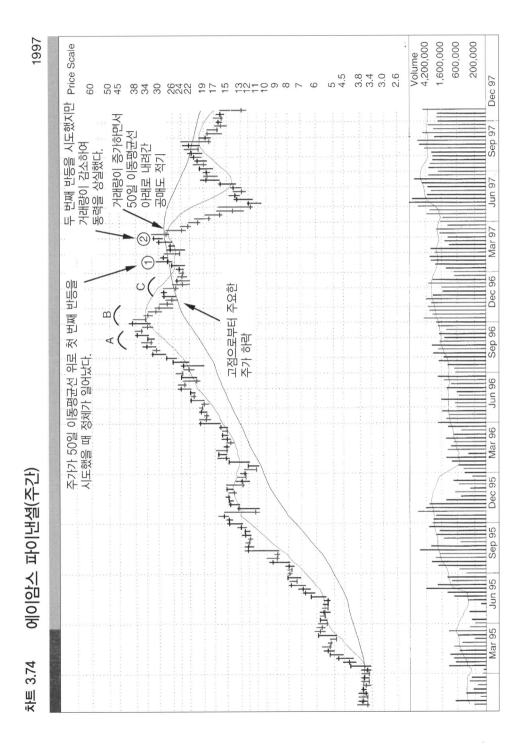

차트 3.74   에이암스 파이낸셜(주간)   1997

차트 3.75　　어센드 커뮤니케이션즈(주간)　　1997

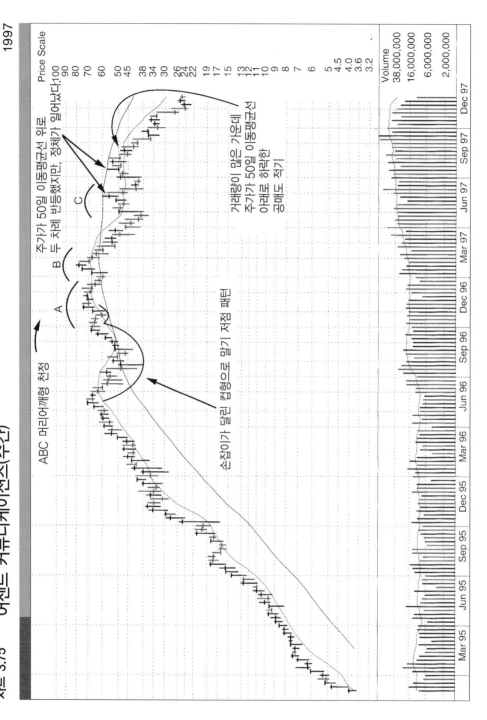

ABC 머리어깨형 천정

주가가 50일 이동평균선 위로
두 차례 반등했지만, 정체가 일어났다.

손잡이가 달린 컵형으로 말기 저점 패턴

거래량이 많은 가운데
주가가 50일 이동평균선
아래로 하락한
공매도 적기

차트 3.76   밀러 인더스트리(주간)   1998

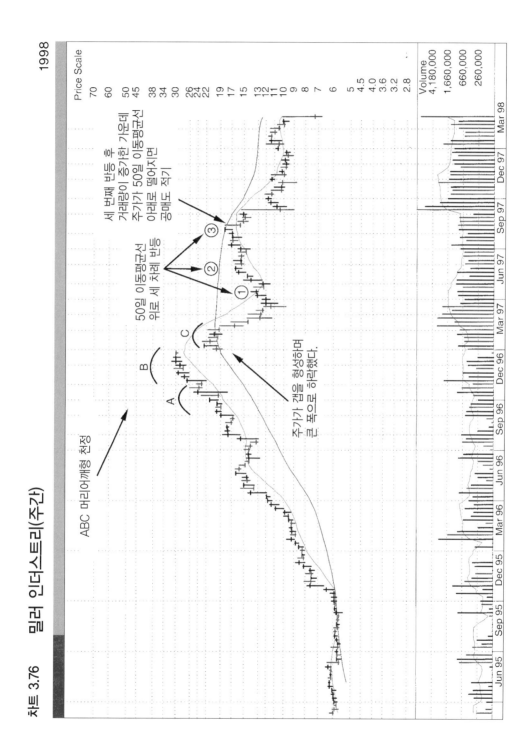

ABC 머리어깨형 천정

B

A

C

50일 이동평균선
위로 세 차례 반등

① ② ③

세 번째 반등 후
거래량이 증가한 가운데
주가가 50일 이동평균선
아래로 멀어지면
공매도 적기

주가가 갭을 형성하며
큰 폭으로 하락했다.

Price Scale
70
60
50
45
38
34
30
26
24
22
19
17
15
13
12
11
10
9
8
7
6
5
4.5
4.0
3.6
3.2
2.8

Volume
4,180,000
1,660,000
660,000
260,000

Jun 95 Sep 95 Dec 95 Mar 96 Jun 96 Sep 96 Dec 96 Mar 97 Jun 97 Sep 97 Dec 97 Mar 98

차트 3.77   체서피크 에너지(주간)   1998

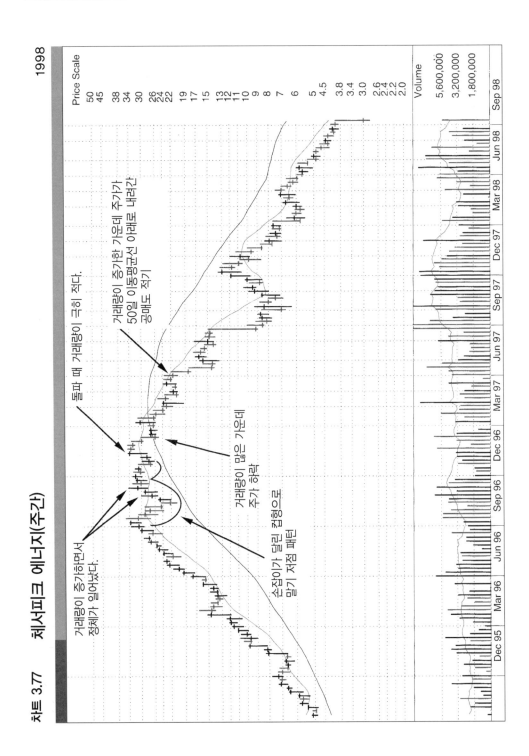

거래량이 증가하면서
정체가 일어났다.

돌파 때 거래량이 극히 적다.

거래량이 증가한 가운데 주가가
50일 이동평균선 아래로 내려간
공매도 적기

거래량이 많은 가운데
주가 하락

손잡이가 달린 컵형으로
말기 저점 패턴

Price Scale
50
45
38
34
30
26
24
22
19
17
15
13
12
11
10
9
8
7
6
5
4.5
3.8
3.4
3.0
2.6
2.4
2.2
2.0

Volume
5,600,000
3,200,000
1,800,000

Dec 95 Mar 96 Jun 96 Sep 96 Dec 96 Mar 97 Jun 97 Sep 97 Dec 97 Mar 98 Jun 98 Sep 98

차트 3.78   필라 홀딩스 SPA 애드(주간)

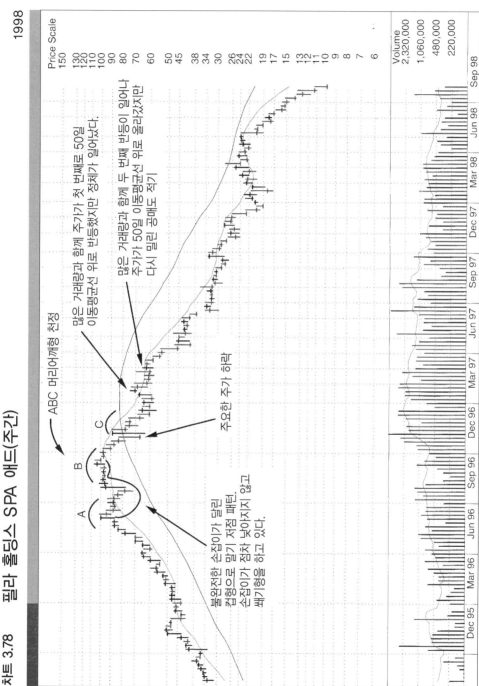

1998

Price Scale
150
130
120
110
100
90
80
70
60
50
45
38
34
30
26
24
22
19
17
15
13
12
11
10
9
8
7
6

Volume
2,320,000
1,060,000
480,000
220,000

ABC 머리어깨형 천정

많은 거래량과 함께 주가가 첫 번째로 50일 이동평균선 위로 반등했지만 정체가 일어났었다.

많은 거래량과 함께 두 번째 반등이 일어나 주가가 50일 이동평균선 위로 올라갔지만 다시 밀린 공매도 적기

주요한 주가 하락

불완전한 순장이가 달린 경향으로 밀기 저점 패턴. 순장이가 점차 낮아지지 않고 쐐기형을 하고 있다.

A   B   C

Dec 95   Mar 96   Jun 96   Sep 96   Dec 96   Mar 97   Jun 97   Sep 97   Dec 97   Mar 98   Jun 98   Sep 98

차트 3.79   시바(주간)

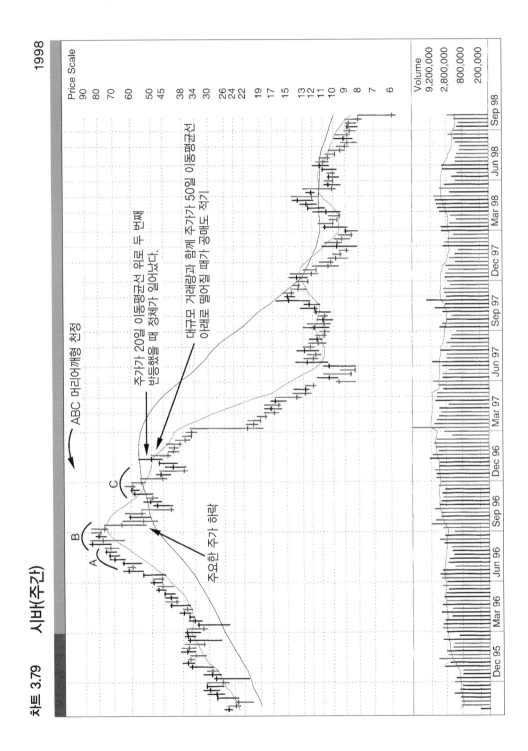

1998

Price Scale
90
80
70
60
50
45
38
34
30
26
24
22
19
17
15
13
12
11
10
9
8
7
6

ABC 머리어깨형 천정

주가가 20일 이동평균선 아로 두 번째 반등했을 때 저항대가 일어났다.

매구무 거래량과 함께 주가가 50일 이동평균선 아래로 떨어질 때가 공매도 적기

주요한 주가 하락

Volume
9,200,000
2,800,000
800,000
200,000

Dec 95   Mar 96   Jun 96   Sep 96   Dec 96   Mar 97   Jun 97   Sep 97   Dec 97   Mar 98   Jun 98   Sep 98

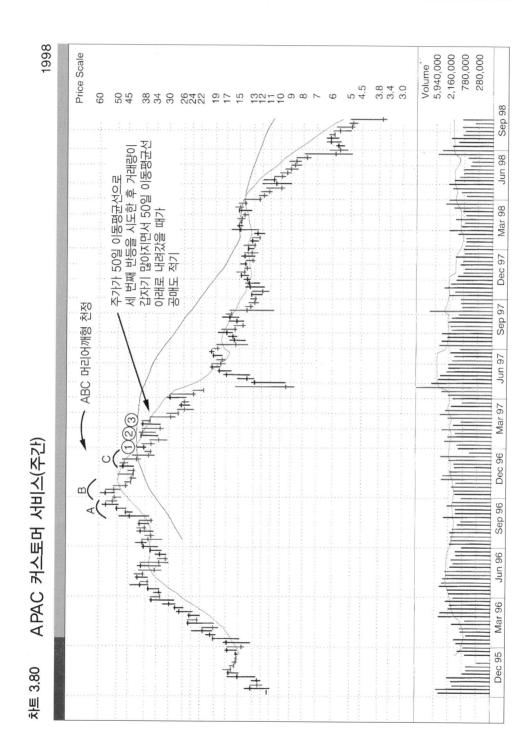

차트 3.80 APAC 커스토머 서비스(주간) 1998

ABC 머리어깨형 천정

주가가 50일 이동평균선으로
세 번째 반등을 시도한 후 거래량이
갑자기 많아지면서 50일 이동평균선
아래로 내려갔을 때가
공매도 적기

차트 3.81   클리프 드릴링(주간)

1998

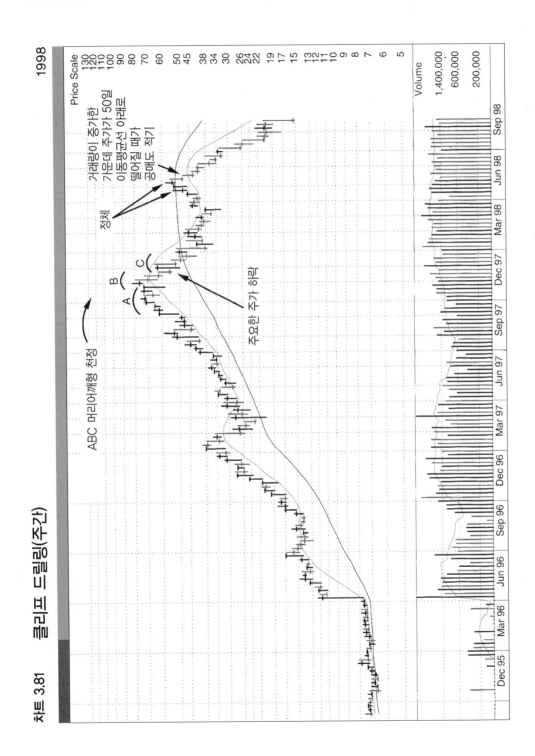

Price Scale

ABC 머리어깨형 천정

정체

거래량이 증가한
가운데 주가가 50일
이동평균선 아래로
떨어질 때가
공매도 적기

주요한 주가 하락

Volume

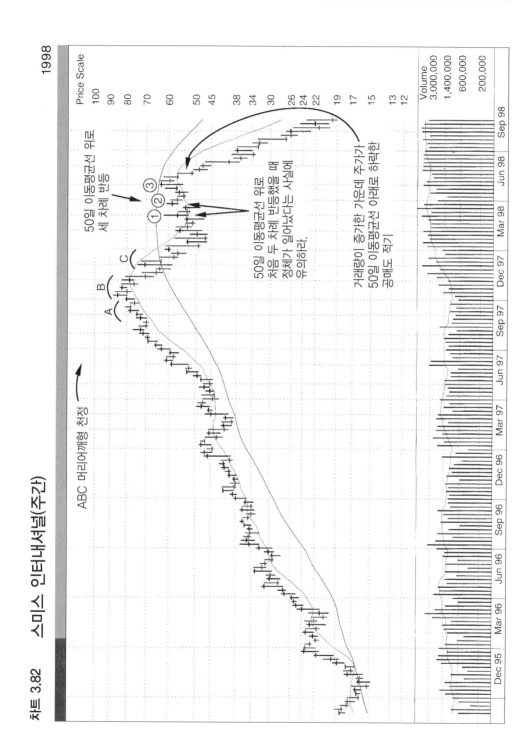

차트 3.82　　스미스 인터내셔널(주간)　　1998

Price Scale

ABC 머리어깨형 천정

50일 이동평균선 위로 세 차례 반등

50일 이동평균선 위로 처음 두 차례 반등했을 때 정체가 일어났다는 사실에 유의하라.

거래량이 증가한 가운데 주가가 50일 이동평균선 아래로 하락한 공매도 적기

Volume
3,000,000
1,400,000
600,000
200,000

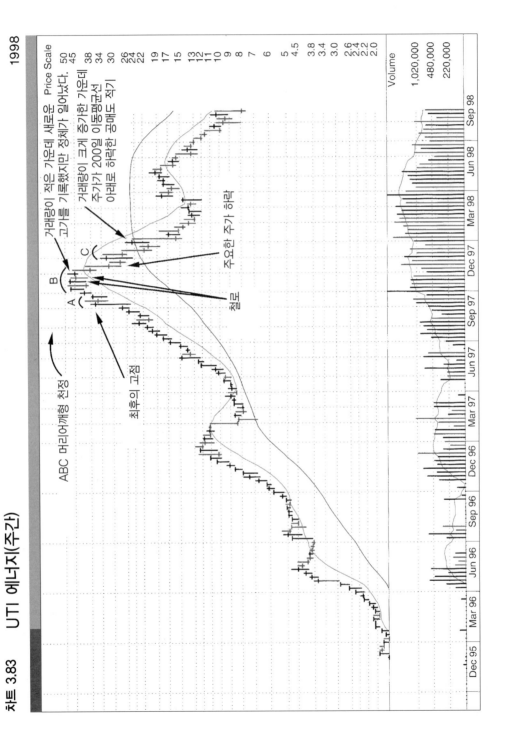

차트 3.83   UTI 에너지(주간)   1998

거래량이 작은 가운데 새로운 Price Scale
고가를 기록했지만 정체가 일어났다.

ABC 머리어깨형 천정

거래량이 크게 증가한 가운데
주가가 200일 이동평균선
아래로 하락한 공매도 적기

C

B

A

주요한 주가 하락

컬럼

최후의 고점

Volume

차트 3.84   샤빌 시스템즈 PLC ADR(주간)   1998

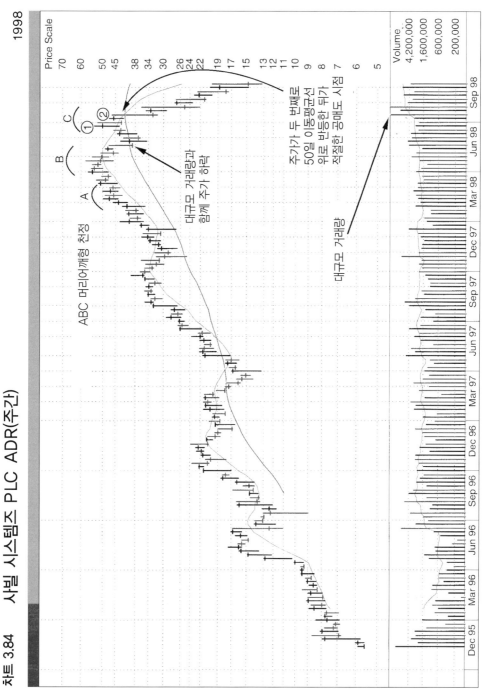

Price Scale

70
60
50
45
38
34
30
26
24
22
19
17
15
13
12
11
10
9
8
7
6
5

C
①②
B
A

ABC 머리어깨형 천정

대규모 거래량과
함께 주가 하락

주가가 두 번째로
50일 이동평균선
위로 반등한 뒤가
적절한 공매도 시점

대규모 거래량

Volume
4,200,000
1,600,000
600,000
200,000

Dec 95 Mar 96 Jun 96 Sep 96 Dec 96 Mar 97 Jun 97 Sep 97 Dec 97 Mar 98 Jun 98 Sep 98

차트 3.85   트라이어드 개런티(주간)

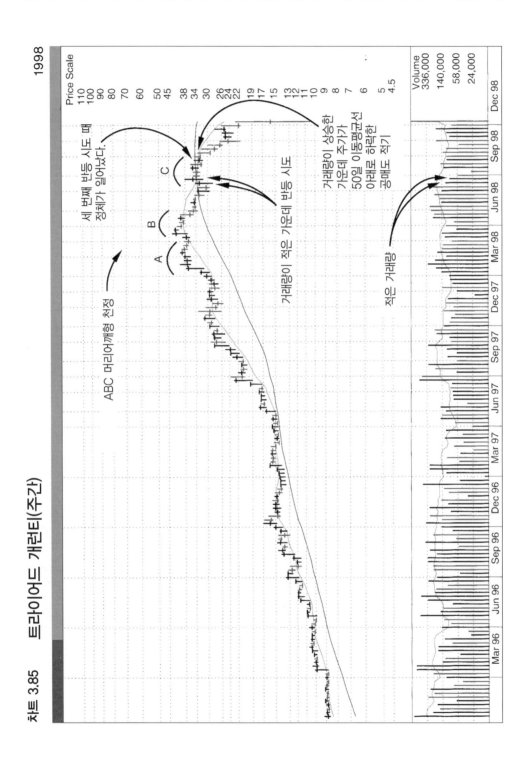

1998

Price Scale
110
100
90
80
70
60
50
45
38
34
30
26
24
22
19
17
15
13
12
11
10
9
8
7
6
5
4.5

세 번째 반등 시도 때
정체가 일어났다.

ABC 머리어깨형 천정

거래량이 적은 가운데 반등 시도

거래량이 상승한
가운데 주가가
50일 이동평균선
아래로 하락할
때 공매도 적기

적은 거래량

Volume
336,000
140,000
58,000
24,000

Mar 96   Jun 96   Sep 96   Dec 96   Mar 97   Jun 97   Sep 97   Dec 97   Mar 98   Jun 98   Sep 98   Dec 98

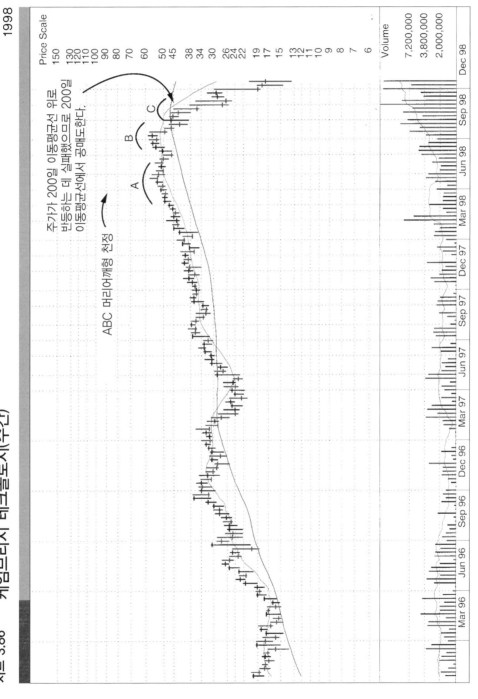

차트 3.86   케임브리지 테크놀로지(주간)

1998

주가가 200일 이동평균선 위로
반등하는 데 실패했으므로 200일
이동평균선에서 공매도한다.

ABC 머리어깨형 천정

Price Scale
150
130
120
110
100
90
80
70
60

50
45

38
34
30

26
24
22

19
17
15

13
12
11
10

9

8

7

6

Volume
7,200,000
3,800,000
2,000,000

Mar 96   Jun 96   Sep 96   Dec 96   Mar 97   Jun 97   Sep 97   Dec 97   Mar 98   Jun 98   Sep 98   Dec 98

차트 3.87   사이버(주간)   1998

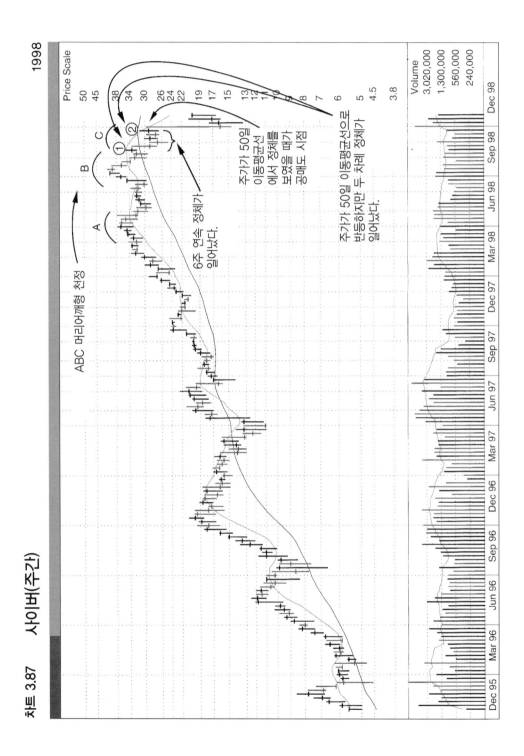

Price Scale

50
45
38
34
30
26
24
22
19
17
15
13
12
11
10
9
8
7
6
5
4.5
3.8

ABC 머리어깨형 천정

A B C

① ②

6주 연속 정체가
일어났다.

주가 50일
이동평균선
에서 정체를
보였을 때가
공매도 시점

주가가 50일 이동평균선으로
반등하지만 두 차례 정체가
일어났다.

Volume
3,020,000
1,300,000
560,000
240,000

Dec 95 Mar 96 Jun 96 Sep 96 Dec 96 Mar 97 Jun 97 Sep 97 Dec 97 Mar 98 Jun 98 Sep 98 Dec 98

차트 3.88   반 컴퍼니 NV(주간)

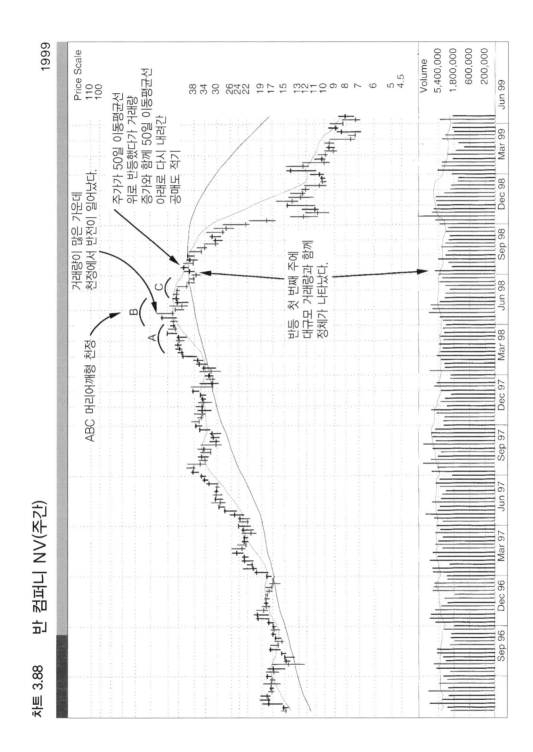

차트 3.89   피플소프트(주간)

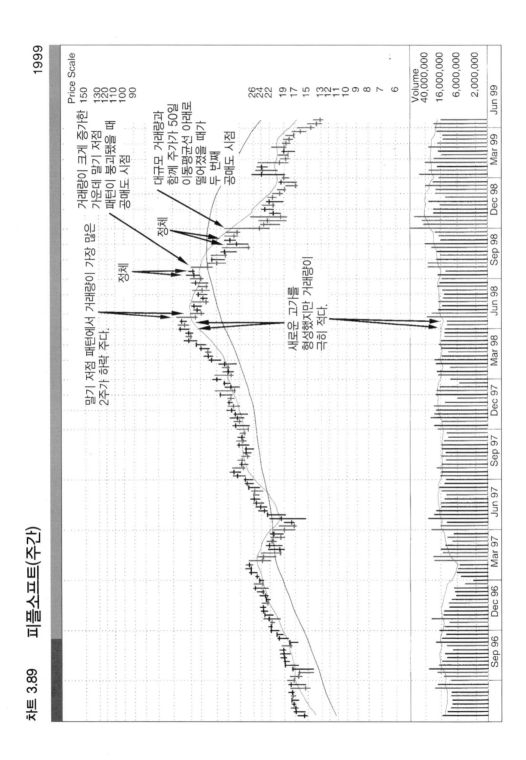

1999

Price Scale

- 딸기 저점 패턴에서 거래량이 가장 많은 2주가 하락 주다.
- 거래량이 크게 증가한 가운데 딸기 저점 패턴이 붕괴됐을 때 공매도 시점
- 정체
- 정체
- 대규모 거래량과 함께 주가가 50일 이동평균선 아래로 떨어졌을 때 두 번째 공매도 시점
- 새로운 고가를 형성했지만 거래량이 극히 적다.

Price Scale 150
130
120
110
100
90

26
24
22

19
17
15

13
12
11
10

9

8

7

6

Volume
40,000,000

16,000,000

6,000,000

2,000,000

Sep 96 Dec 96 Mar 97 Jun 97 Sep 97 Dec 97 Mar 98 Jun 98 Sep 98 Dec 98 Mar 99 Jun 99

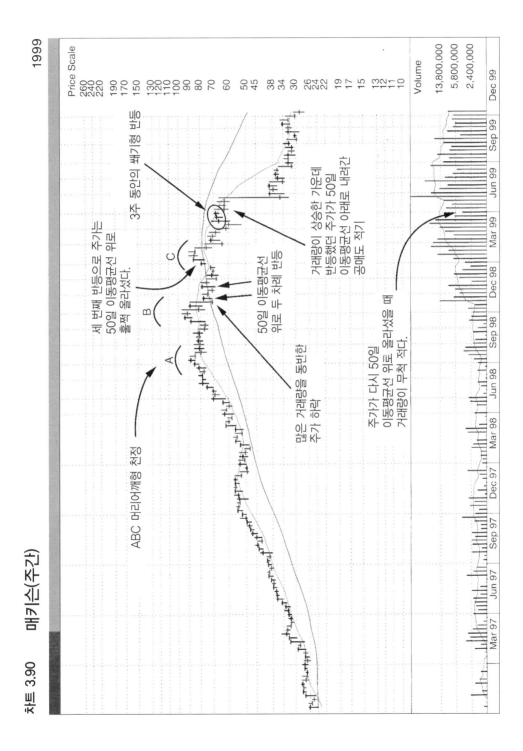

차트 3.90   매키슨(주간)

1999

ABC 머리어깨형 천정

세 번째 반등으로 주가는
50일 이동평균선 위로
훌쩍 올라섰다.

3주 동안의 쐐기형 반등

A

B

C

많은 거래량을 동반한
주가 하락

50일 이동평균선
위로 두 차례 반등

주가가 다시 50일
이동평균선 위로 올라섰을 때
거래량이 무척 적다.

거래량이 상승한 가운데
반등했던 주가가 50일
이동평균선 아래로 내려간
공매도 적기

Price Scale

260
240
220

190
170
150

130
120
110
100
90
80
70
60

50
45

38
34
30

26
24
22

19
17

15

13
12
11
10

Volume

13,800,000
5,800,000
2,400,000

Mar 97   Jun 97   Sep 97   Dec 97   Mar 98   Jun 98   Sep 98   Dec 98   Mar 99   Jun 99   Sep 99   Dec 99

차트 3.91 갭(주간)

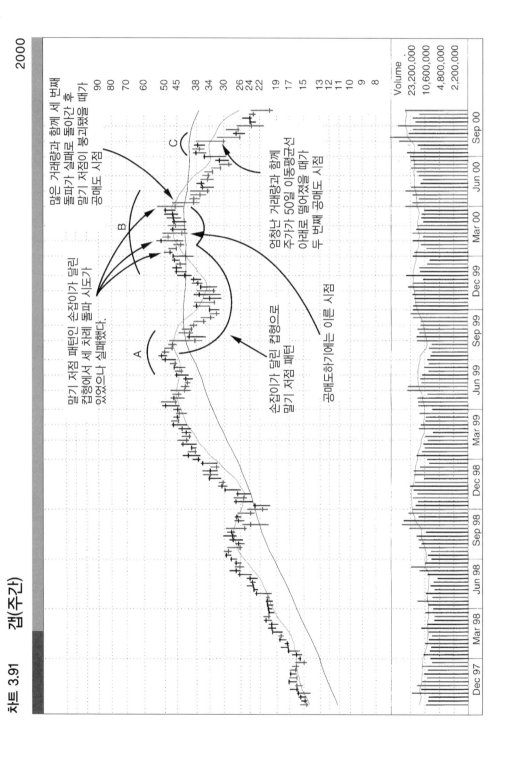

말기 저점 패턴인 손잡이가 달린
컵에서 세 차례 돌파 시도가
있었으나 실패했다.

많은 거래량과 함께 세 번째
돌파가 실패로 돌아간 후
말기 저점이 붕괴됐을 때가
공매도 시점

순잡이가 달린 컵형으로
말기 저점 패턴

엄청난 거래량과 함께
주가가 50일 이동평균선
아래로 떨어졌을 때가
두 번째 공매도 시점

공매도하기에는 이른 시점

A

B

C

2000

90
80
70

60

50
45

38
34

30

26
24
22

19

17

15

13
12
11

10

9

8

Volume
23,200,000

10,600,000

4,800,000

2,200,000

Dec 97 Mar 98 Jun 98 Sep 98 Dec 98 Mar 99 Jun 99 Sep 99 Dec 99 Mar 00 Jun 00 Sep 00

차트 3.92   테라다인(주간)

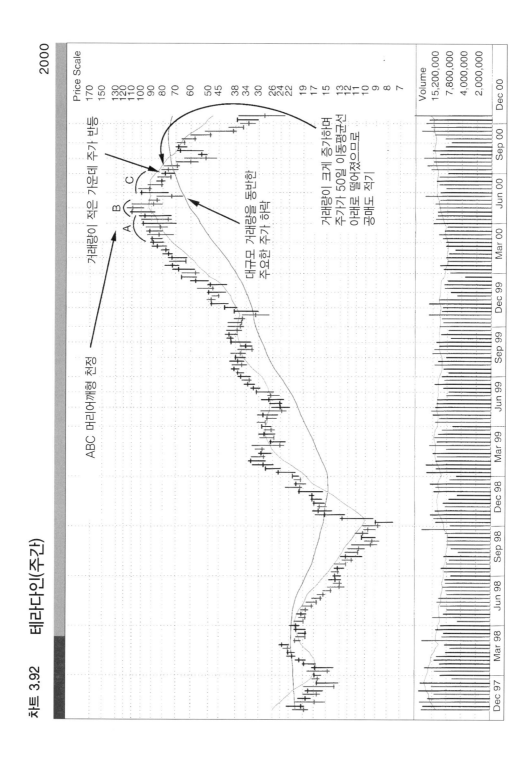

ABC 머리어깨형 천정

거래량이 적은 가운데 주가 반등

거래량이 크게 증가하며
주가가 50일 이동평균선
아래로 떨어졌으므로
공매도 적기

대규모 거래량을 동반한
주요한 주가 하락

Price Scale

170
150
130
120
110
100
90
80
70
60
50
45
38
34
30
26
24
22
19
17
15
13
12
11
10
9
8
7

Volume
15,200,000
7,800,000
4,000,000
2,000,000

Dec 97   Mar 98   Jun 98   Sep 98   Dec 98   Mar 99   Jun 99   Sep 99   Dec 99   Mar 00   Jun 00   Sep 00   Dec 00

2000

차트 3.93   AT&T(주간)

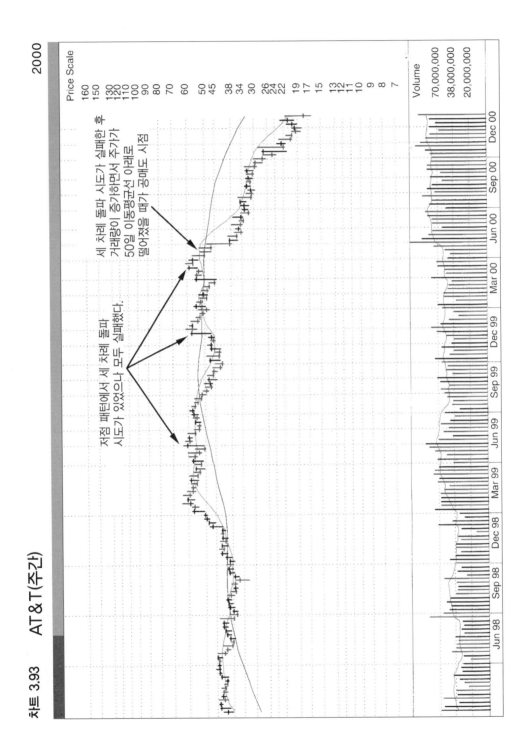

세 차례 돌파 시도가 실패한 후
거래량이 증가하면서 주가가
50일 이동평균선 아래로
떨어졌을 때가 공매도 시점

저점 패턴에서 세 차례 돌파
시도가 있었으나 모두 실패했다.

Price Scale

160
150
130
120
110
100
90
80
70
60

50
45

38
34
30

26
24
22

19
17

15

13
12
11
10

9

8

7

Volume

70,000,000

38,000,000

20,000,000

Jun 98   Sep 98   Dec 98   Mar 99   Jun 99   Sep 99   Dec 99   Mar 00   Jun 00   Sep 00   Dec 00

2000

차트 3.94   스프린트 FON 그룹(주간)

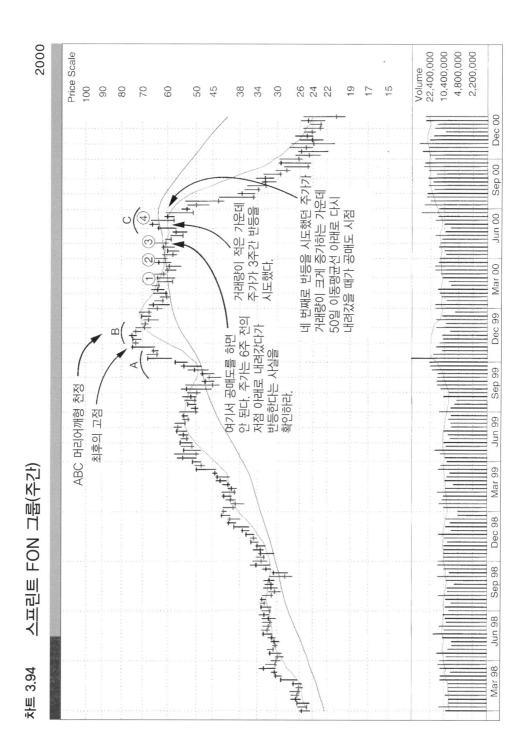

차트 3.95   컴퓨웨어(주간)

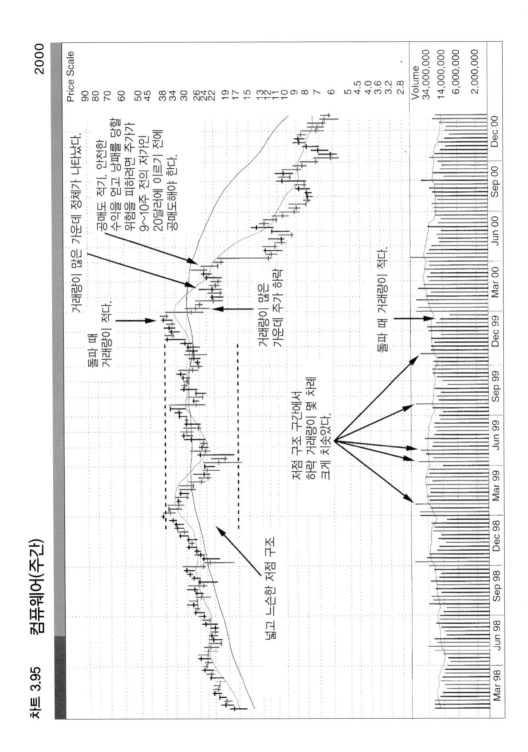

거래량이 많은 가운데 정체가 나타났다.

공매도 적기. 안전한 수익을 얻고 낭패를 당할 위험을 피하려면 주가가 9~10주 전의 저가인 20달러에 이르기 전에 공매도해야 한다.

돌파 때 거래량이 적다.

거래량이 많은 가운데 주가 하락

넓고 느슨한 저점 구조

저점 구조 구간에서 하락 거래량이 몇 차례 크게 치솟았다.

돌파 때 거래량이 적다.

Price Scale

90
80
70
60

50
45

38
34

30

26
24
22

19
17

15

13
12
11
10

9

8

7

6

5
4.5
4.0
3.6
3.2
2.8

Volume

34,000,000

14,000,000

6,000,000

2,000,000

Mar 98   Jun 98   Sep 98   Dec 98   Mar 99   Jun 99   Sep 99   Dec 99   Mar 00   Jun 00   Sep 00   Dec 00

차트 3.96   BMC 소프트웨어(주간)

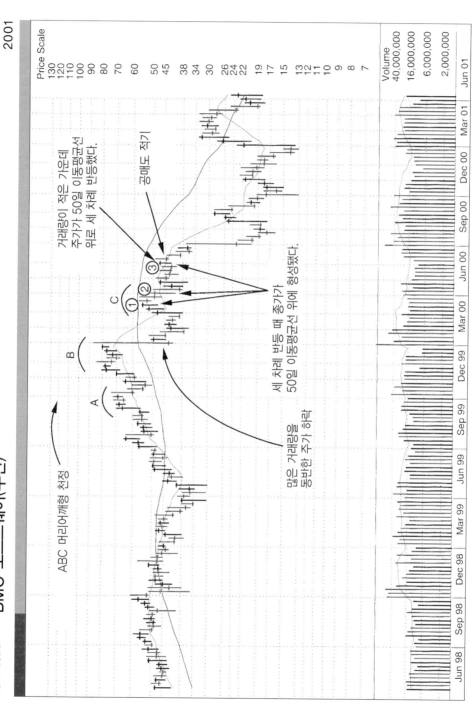

2001

Price Scale
130
120
110
100
90
80
70
60
50
45
38
34
30
26
24
22
19
17
15
13
12
11
10
9
8
7

ABC 머리어깨형 천정

B

C

A

③

②

①

거래량이 적은 가운데
주가가 50일 이동평균선
위로 세 차례 반등했다.

공매도 적기

세 차례 반등 때 종가가
50일 이동평균선 위에 형성됐다.

많은 거래량을
동반한 주가 하락

Volume
40,000,000
16,000,000
6,000,000
2,000,000

Jun 98   Sep 98   Dec 98   Mar 99   Jun 99   Sep 99   Dec 99   Mar 00   Jun 00   Sep 00   Dec 00   Mar 01   Jun 01

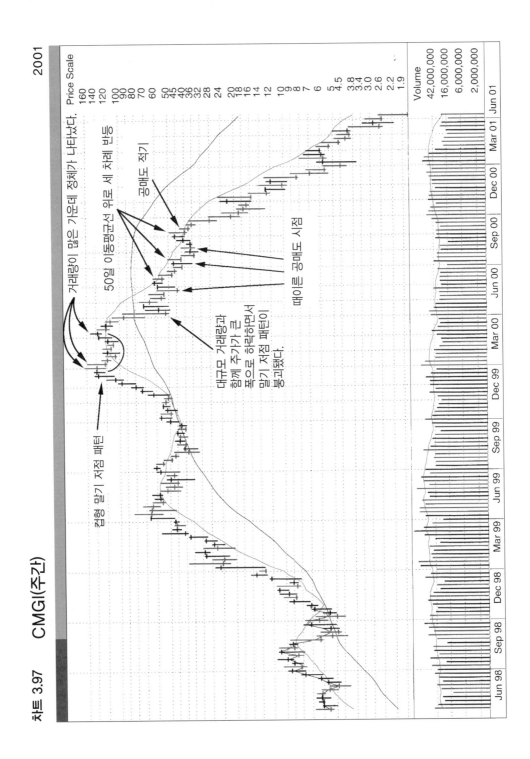

차트 3.97   CMGI(주간)

차트 3.98   C-cor(주간)

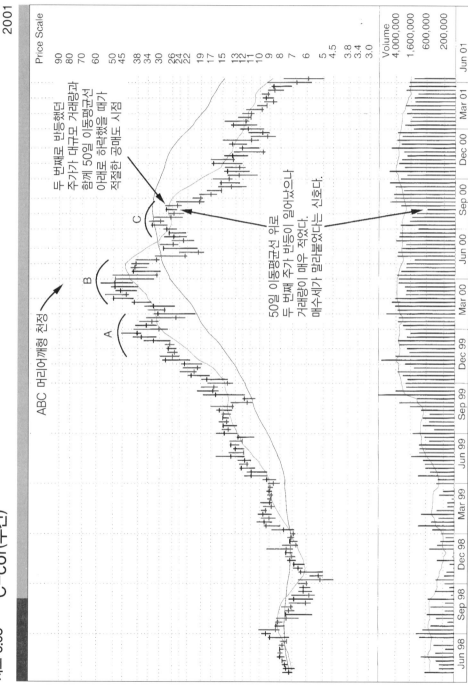

ABC 머리어깨형 천정

두 번째로 반등했던 주가가 대규모 거래량과 함께 50일 이동평균선 아래로 하락했을 때가 적절한 공매도 시점

50일 이동평균선 위로 두 번째 주가 반등이 일어났으나 거래량이 매우 적었다. 매수세가 말라붙었다는 신호다.

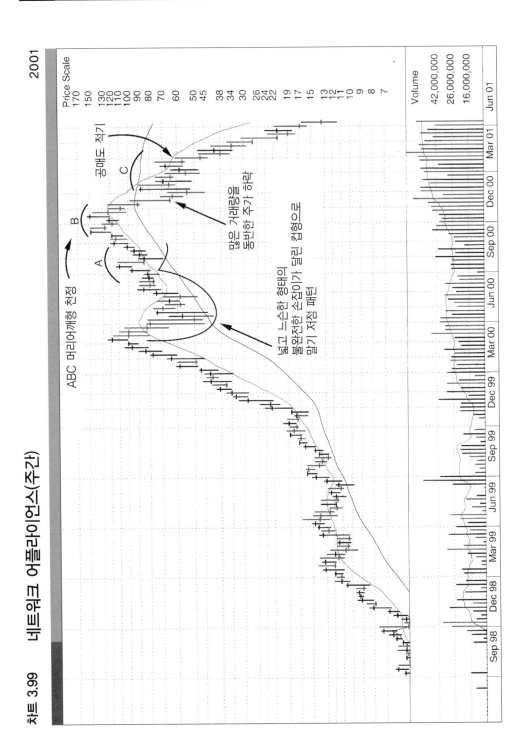

차트 3.99　　네트워크 어플라이언스(주간)

차트 3.100   베리사인(주간)

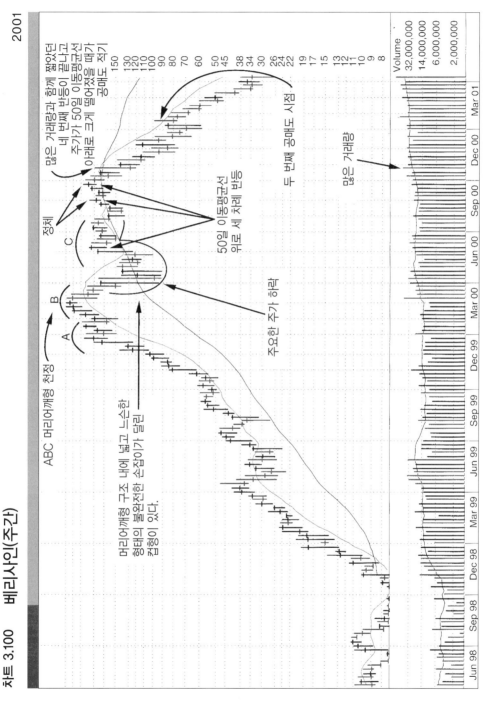

ABC 머리어깨형 천정

머리어깨형 구조 내에 넓고 느슨한
형태의 불완전한 손잡이가 달린
컵형이 있다.

많은 거래량과 함께 짧았던
네 번째 반등이 끝나고
주가가 50일 이동평균선
아래로 크게 떨어졌을 때가
공매도 적기

정체

50일 이동평균선
위로 세 차례 반등

두 번째 공매도 시점

주요한 주가 하락

많은 거래량

Volume

2001

차트 3.101   어플라이드 머티리얼(주간)

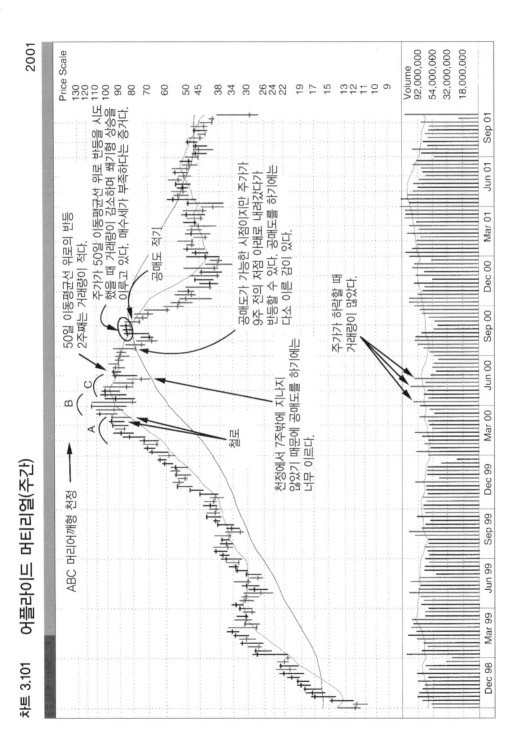

ABC 머리어깨형 천정 ──▶

50일 이동평균선 위로의 반등
2주째는 거래량이 적다.

주가가 50일 이동평균선 위로 반등을 시도
했을 때 거래량이 감소하며 쎄기형 상승을
이루고 있다. 매수세가 부족하다는 증거다.

공매도 적기

공매도가 가능한 시점이지만 주가가
9주 전의 저점 아래로 내려갔다가
반등할 수 있다. 공매도를 하기에는
다소 이른 감이 있다.

천정에서 7주밖에 지나지
않았기 때문에 공매도를 하기에는
너무 이르다.

주가가 하락할 때
거래량이 많았다.

침로

B
A
C

차트 3.102   EMC(주간)

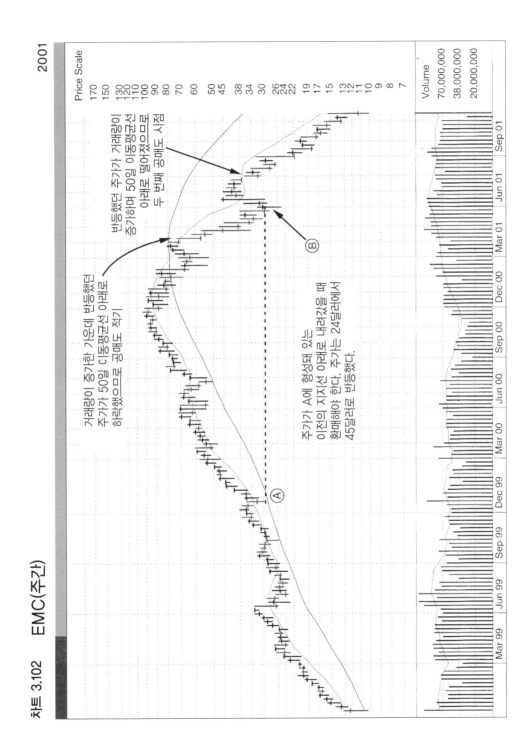

2001

Price Scale
170
150
130
120
110
100
90
80
70
60
50
45
38
34
30
26
24
22
19
17
15
13
12
11
10
9
8
7

거래량이 증가한 가운데 반등했던
주가가 50일 이동평균선 이래로
하락했으므로 공매도 작기

반등했던 주가가 거래량이
증가하며 50일 이동평균선
아래로 떨어졌으므로
두 번째 공매도 시점

주가가 A에 형성돼 있는
이전의 지지선 아래로 내려갔을 때
환매해야 한다. 주가는 24달러에서
45달러로 반등했다.

Ⓐ

Ⓑ

Volume
70,000,000
38,000,000
20,000,000

Mar 99   Jun 99   Sep 99   Dec 99   Mar 00   Jun 00   Sep 00   Dec 00   Mar 01   Jun 01   Sep 01

차트 3.103   JDS 유니페이즈(주간)   2001

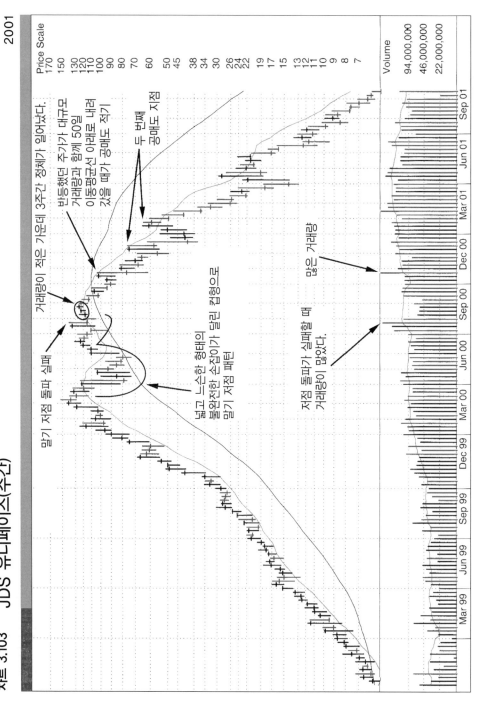

Price Scale
170
150
130
120
110
100
90
80
70
60
50
45
38
34
30
26
24
22
19
17
15
13
12
11
10
9
8
7

말기 저점 돌파 실패

거래량이 작은 가운데 3주간 정체가 일어났다.

반등했던 주가가 대규모 거래량과 함께 50일 이동평균선 아래로 내려 값을 때가 공매도 적기

두 번째 공매도 지점

넓고 느슨한 형태의 불완전한 손잡이가 달린 컵형으로 말기 저점 패턴

저점 돌파가 실패할 때 거래량이 많았다.

많은 거래량

Volume
94,000,000
46,000,000
22,000,000

Mar 99   Jun 99   Sep 99   Dec 99   Mar 00   Jun 00   Sep 00   Dec 00   Mar 01   Jun 01   Sep 01

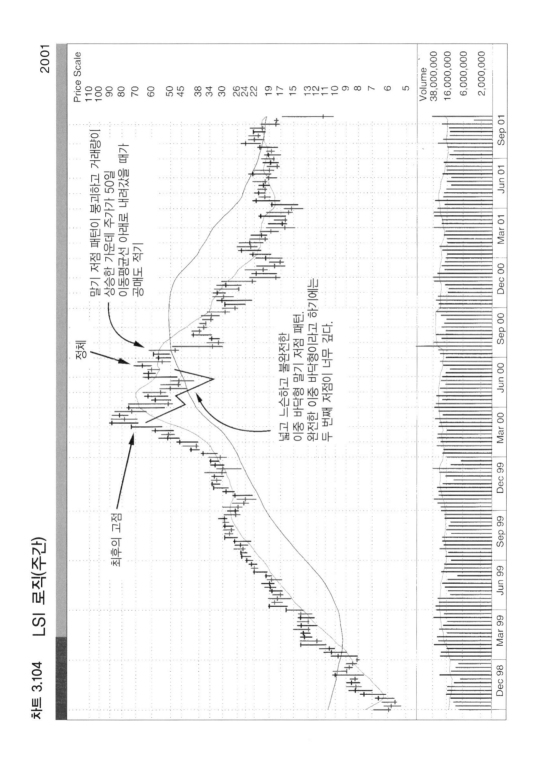

차트 3.104   LSI 로직(주간)   2001

Price Scale
110
100
90
80
70
60

50
45

38
34

30

26
24
22

19
17

15

13
12
11
10

9

8

7

6

5

말기 저점 패턴이 붕괴하고 거래량이
상승한 가운데 주가가 50일
이동평균선 아래로 내려갔을 때가
공매도 적기

정체

넓고 느슨하고 불완전한
이중 바닥형 말기 저점 패턴
완전한 이중 바닥형이라고 하기에는
두 번째 저점이 너무 깊다.

최후의 고점

Volume
38,000,000

16,000,000

6,000,000

2,000,000

Dec 98   Mar 99   Jun 99   Sep 99   Dec 99   Mar 00   Jun 00   Sep 00   Dec 00   Mar 01   Jun 01   Sep 01

차트 3.105   오라클(주간)

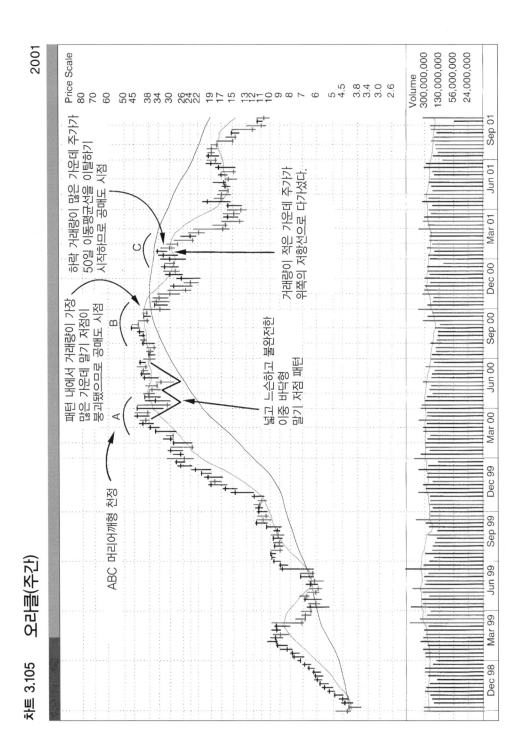

2001

Price Scale
80
70
60

50
45

38
34

30

26
24
22

19
17

15

13
12
11
10

9
8

7

6

5
4.5

3.8
3.4
3.0

2.6

ABC 머리어깨형 천정

패턴 내에서 거래량이 가장
많은 가운데 딸기 지점이
붕괴됐으므로 공매도 시점

하락 거래량이 많은 가운데 주가가
50일 이동평균선을 이탈하기
시작하므로 공매도 시점

넓고 느슨하고 불완전한
이중 바닥형
딸기 지점 패턴

거래량이 적은 가운데 주가가
위쪽의 저항선으로 다가섰다.

A

B

C

Volume
300,000,000
130,000,000
56,000,000
24,000,000

Dec 98   Mar 99   Jun 99   Sep 99   Dec 99   Mar 00   Jun 00   Sep 00   Dec 00   Mar 01   Jun 01   Sep 01

차트 3.106   파워 원(주간)

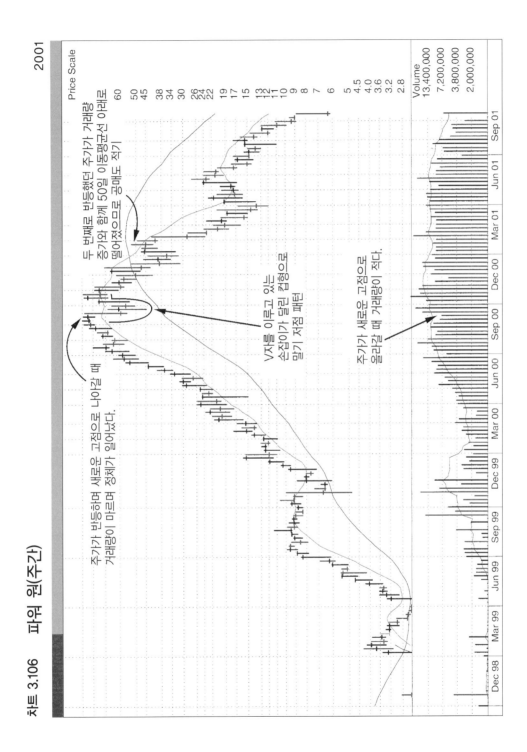

2001

Price Scale

두 번째로 반등했던 주가가 거래량
증가와 함께 50일 이동평균선 아래로
떨어졌으므로 공매도 적기

V자를 이루고 있는
손잡이가 달린 컵으로
말기 저점 패턴

주가가 새로운 고점으로
올라갈 때 거래량이 적다.

주가가 반등하며 새로운 고점으로 나아갈 때
거래량이 마르며 정체가 일어났다.

Volume
13,400,000
7,200,000
3,800,000
2,000,000

차트 3.107   사이언티픽-애틀랜타(주간)

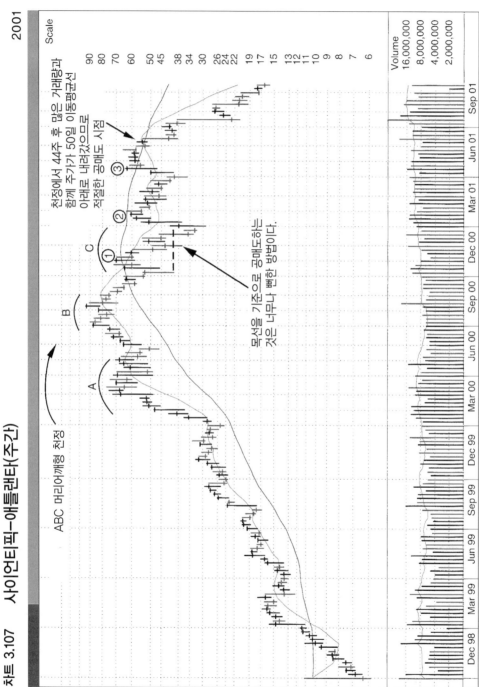

차트 3.108   시벨 시스템즈(주간)

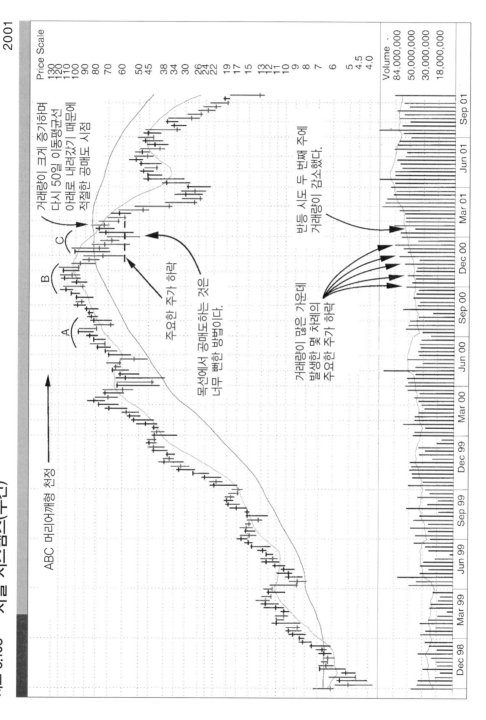

차트 3.109   솔렉트론(주간)

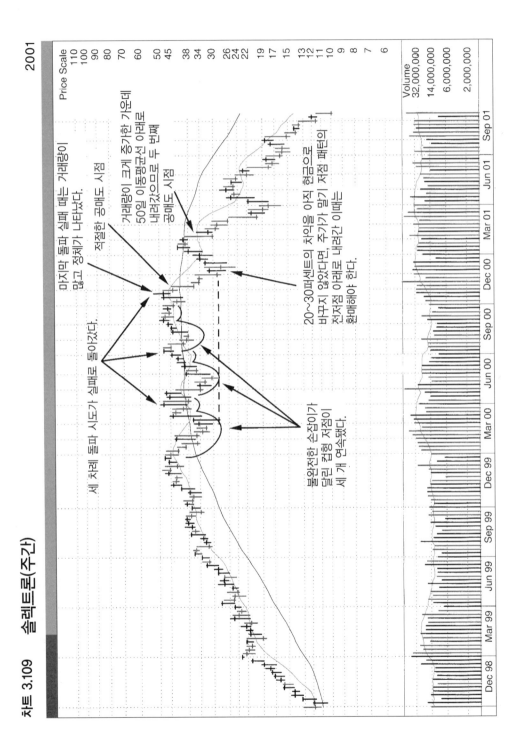

마지막 돌파 실패 때는 거래량이
많고 정체가 나타났다.

적정한 공매도 시점

거래량이 크게 증가한 가운데
50일 이동평균선 아래로
내려갔으므로 두 번째
공매도 시점

세 차례 돌파 시도가 실패로 돌아갔다.

20~30퍼센트의 차익을 아직 현금으로
바꾸지 않았다면, 주가가 말기 저점 패턴의
전저점 아래로 내려간 이때는
환매해야 한다.

불완전한 손잡이가
달린 컵형 저항이
세 개 연속됐다.

Price Scale
110
100
90
80
70
60
50
45
38
34
30
26
24
22
19
17
15
13
12
11
10
9
8
7
6

2001

Volume
32,000,000
14,000,000
6,000,000
2,000,000

Dec 98 Mar 99 Jun 99 Sep 99 Dec 99 Mar 00 Jun 00 Sep 00 Dec 00 Mar 01 Jun 01 Sep 01

차트 3.110   선 마이크로시스템즈(주간)

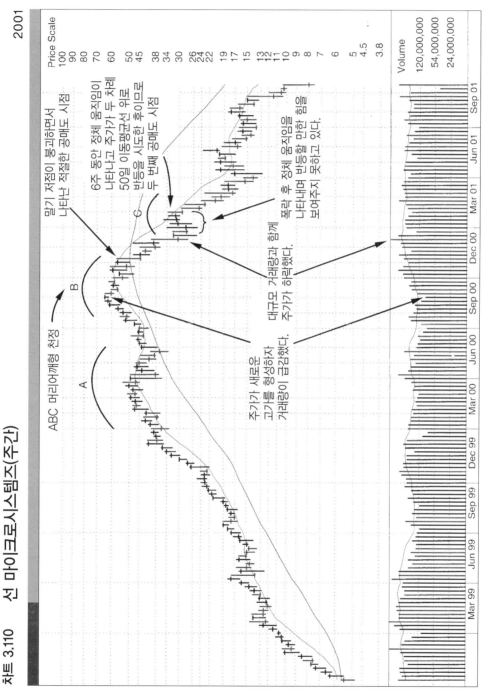

ABC 머리어깨형 천정

A

B

C

말기 저점이 붕괴하면서
나타난 적절한 공매도 시점

6주 동안 정체 음직임이
나타나고 주가가 두 차례
50일 이동평균선 위로
반등을 시도한 후이므로
두 번째 공매도 시점

주가가 새로운
고가를 형성하지
거래량이 급감했다.

대규모 거래량과 함께
주가가 하락했다.

폭락 후 정체 음직임을
나타내며 반등할 만한 힘을
보여주지 못하고 있다.

Price Scale
100
90
80
70
60
50
45
38
34
30
26
24
22
19
17
15
13
12
11
10
9
8
7
6
5
4.5
3.8

Volume
120,000,000
54,000,000
24,000,000

Mar 99   Jun 99   Sep 99   Dec 99   Mar 00   Jun 00   Sep 00   Dec 00   Mar 01   Jun 01   Sep 01

2001

차트 3.111 브로케이드 커뮤니케이션 시스템즈(주간)

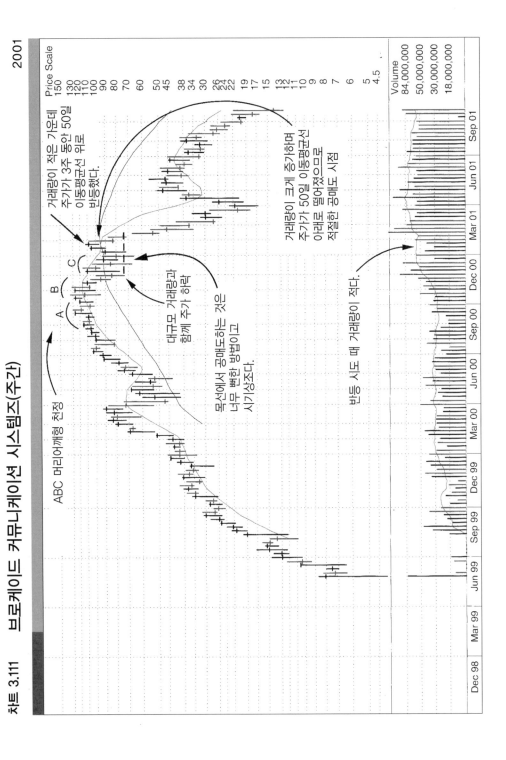

차트 3.112   체크포인트 소프트웨어 테크놀로지(주간)

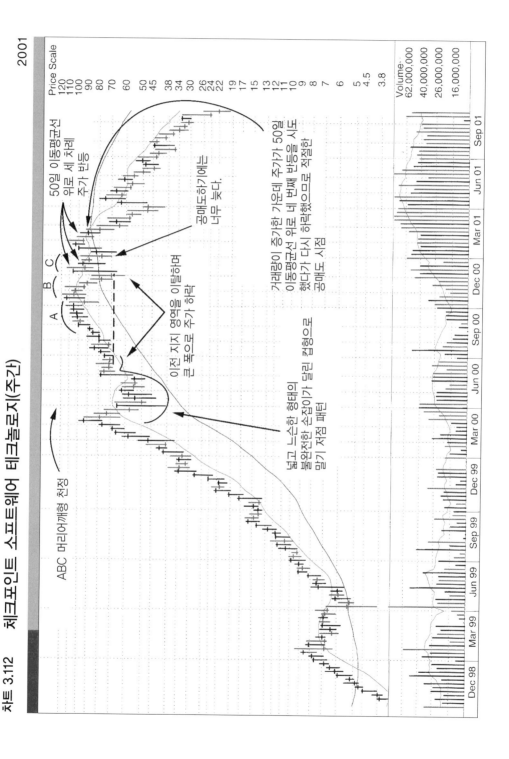

ABC 머리어깨형 천정

50일 이동평균선 위로 세 차례 주가 반등

A
B
C

공매도하기에는 너무 늦다.

이전 지지 영역을 이탈하며 큰 폭으로 주가 하락

넓고 느슨한 형태의 불완전한 손잡이가 달린 컵으로 말기 저점 패턴

거래량이 증가한 가운데 주가가 50일 이동평균선 위로 네 번째 반등을 시도했다가 다시 하락했으므로 적절한 공매도 시점

2001

Price Scale
120
110
100
90
80
70
60
50
45
38
34
30
26
24
22
19
17
15
13
12
11
10
9
8
7
6
5
4.5
3.8

Volume
62,000,000
40,000,000
26,000,000
16,000,000

Dec 98   Mar 99   Jun 99   Sep 99   Dec 99   Mar 00   Jun 00   Sep 00   Dec 00   Mar 01   Jun 01   Sep 01

차트 3.113   주니퍼 네트워크(주간)

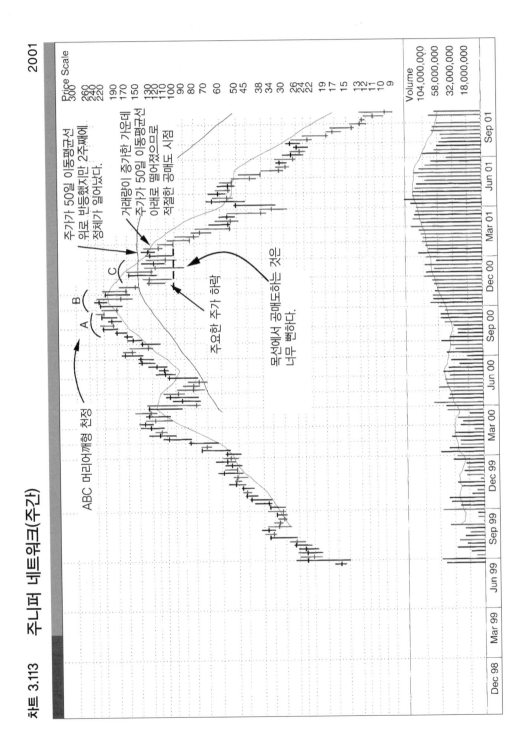

차트 3.114 머큐리 인터랙티브(주간)

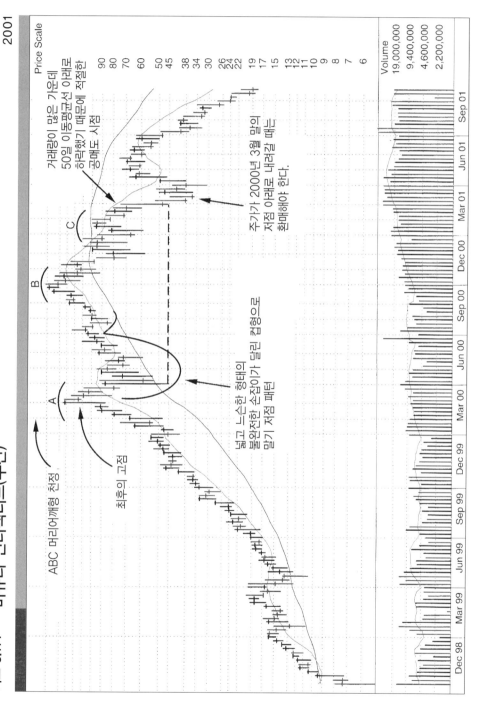

2001

Price Scale

ABC 머리어깨형 천정

최후의 고점

넓고 느슨한 형태의 불완전한 손잡이가 달린 컵형으로 말기 저점 패턴

거래량이 많은 가운데 50일 이동평균선 아래로 하락했기 때문에 적절한 공매도 시점

주가가 2000년 3월 말의 저점 아래로 내려갈 때는 환매해야 한다.

Volume
19,000,000
9,400,000
4,600,000
2,200,000

차트 3.115   PMC-시에라(주간)

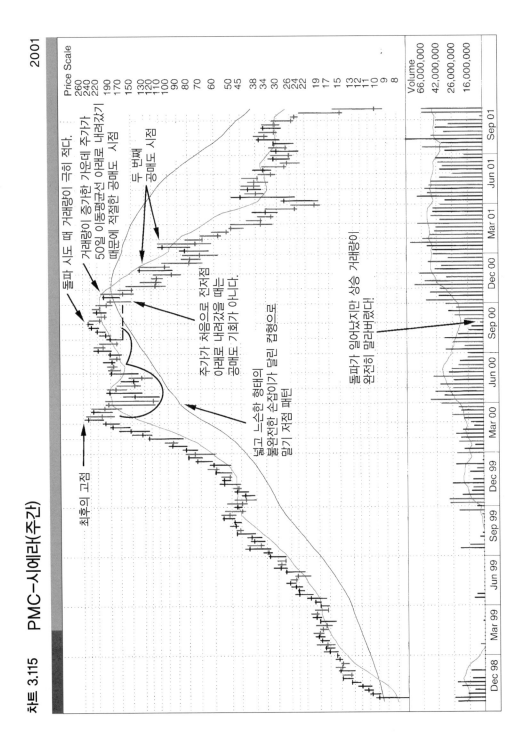

2001

Price Scale

260
240
220
190
170
150
130
120
110
100
90
80
70
60
50
45
38
34
30
26
24
22
19
17
15
13
12
11
10
9
8

Volume
66,000,000
42,000,000
26,000,000
16,000,000

좌후의 고점

돌파 시도 때 거래량이 극히 적다.

거래량이 증가한 가운데 주가가
50일 이동평균선 아래로 내려갔기
때문에 적절한 공매도 시점

두 번째
공매도 시점

주가가 처음으로 전저점
아래로 내려갔을 때는
공매도 기회가 아니다.

넓고 느슨한 형태의
불완전한 손잡이가 달린 컵형으로
읽기 저점 패턴

돌파가 일어났지만 상승 거래량이
완전히 말라버렸다!

Dec 98   Mar 99   Jun 99   Sep 99   Dec 99   Mar 00   Jun 00   Sep 00   Dec 00   Mar 01   Jun 01   Sep 01

차트 3.116   큐로직(주간)

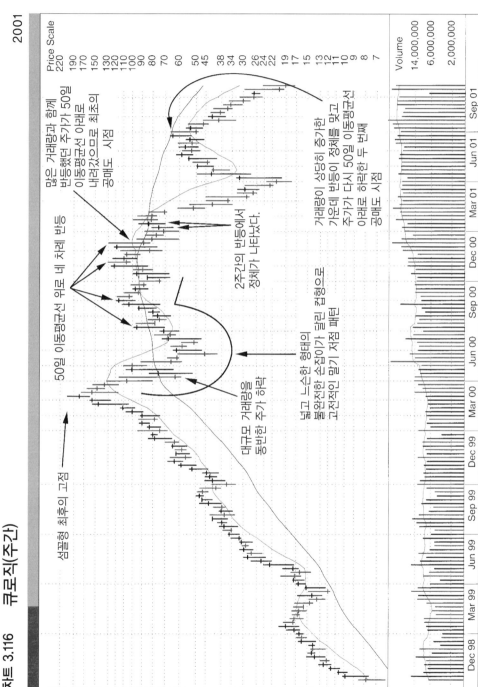

2001

Price Scale
220
190
170
150
130
120
110
100
90
80
70
60
50
45
38
34
30
26
24
22
19
17
15
13
12
11
10
9
8
7

섬플형 최후의 고점

50일 이동평균선 위로 네 차례 반등

많은 거래량과 함께 반등했던 주가가 50일 이동평균선 아래로 내려갔으므로 최초의 공매도 시점

2주간의 반등에서 정체가 나타났다.

대규모 거래량을 동반한 주가 하락

넓고 느슨한 형태의 불완전한 손잡이가 달린 컵으로 고전적인 말기 저점 패턴

거래량이 상당히 증가한 가운데 반등이 정체를 맞고 주가가 다시 50일 이동평균선 아래로 하락한 두 번째 공매도 시점

Volume
14,000,000
6,000,000
2,000,000

Dec 98 Mar 99 Jun 99 Sep 99 Dec 99 Mar 00 Jun 00 Sep 00 Dec 00 Mar 01 Jun 01 Sep 01

차트 3.117   베리타스 소프트웨어(주간)

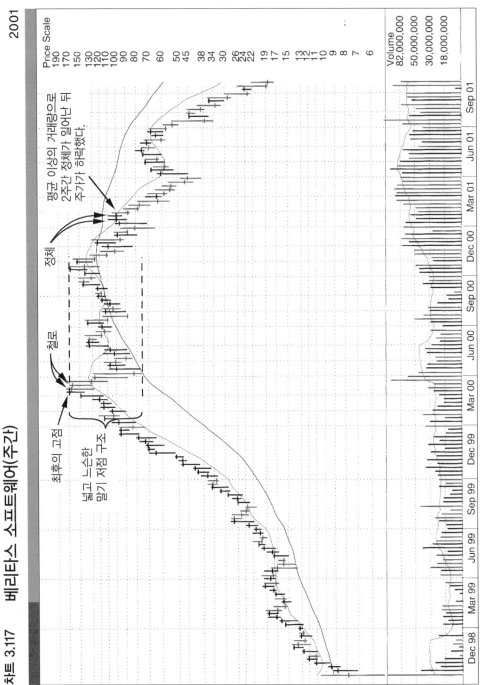

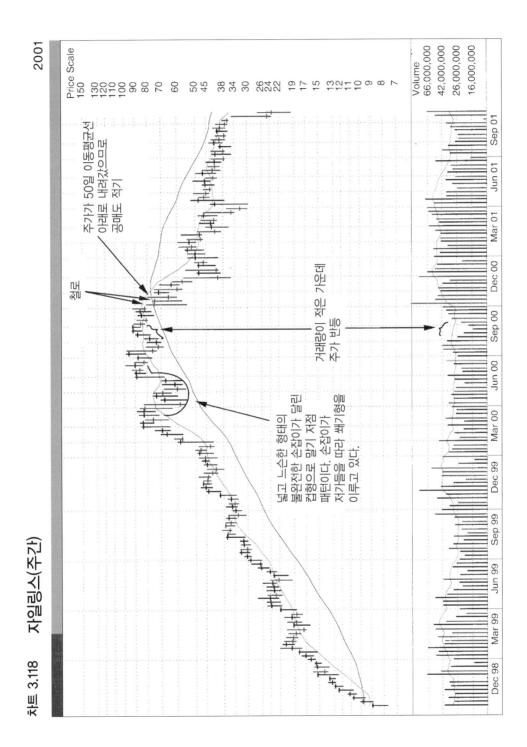

차트 3.118　　자일링스(주간)

Price Scale
150
130
120
110
100
90
80
70
60
50
45
38
34
30
26
24
22
19
17
15
13
12
11
10
9
8
7

2001

철로

주가가 50일 이동평균선
아래로 내려갔으므로
공매도 적기

거래량이 적은 가운데
주가 반등

넓고 느슨한 형태의
불완전한 손잡이가 달린
컵형으로 팔기 직전
패턴이다. 손잡이가
저가들을 따라 쐐기형을
이루고 있다.

Volume
66,000,000
42,000,000
26,000,000
16,000,000

Dec 98　Mar 99　Jun 99　Sep 99　Dec 99　Mar 00　Jun 00　Sep 00　Dec 00　Mar 01　Jun 01　Sep 01

차트 3.119   컴버스 테크놀로지(주간)

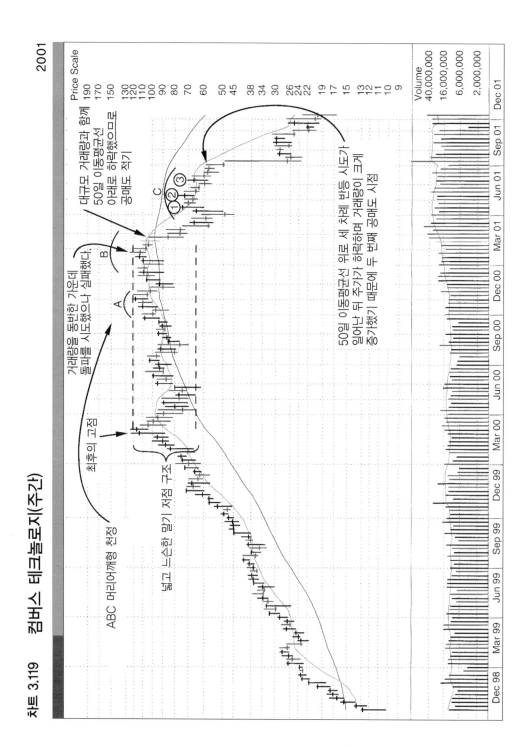

- ABC 머리어깨형 천정
- 최후의 고점
- 거래량을 동반한 가운데 돌파를 시도했으나 실패했다.
- 대규모 거래량과 함께 50일 이동평균선 아래로 하락했으므로 공매도 적기
- 넓고 느슨한 말기 저점 구조
- 50일 이동평균선 위로 세 차례 반등 시도가 일어난 뒤 주가가 하락하며 거래량이 크게 증가했기 때문에 두 번째 공매도 시점

Price Scale
190
170
150
130
120
110
100
90
80
70
60
50
45
38
34
30
26
24
22
19
17
15
13
12
11
10
9

Volume
40,000,000
16,000,000
6,000,000
2,000,000

2001

Dec 98 | Mar 99 | Jun 99 | Sep 99 | Dec 99 | Mar 00 | Jun 00 | Sep 00 | Dec 00 | Mar 01 | Jun 01 | Sep 01 | Dec 01

차트 3.120   게이트웨이(주간)

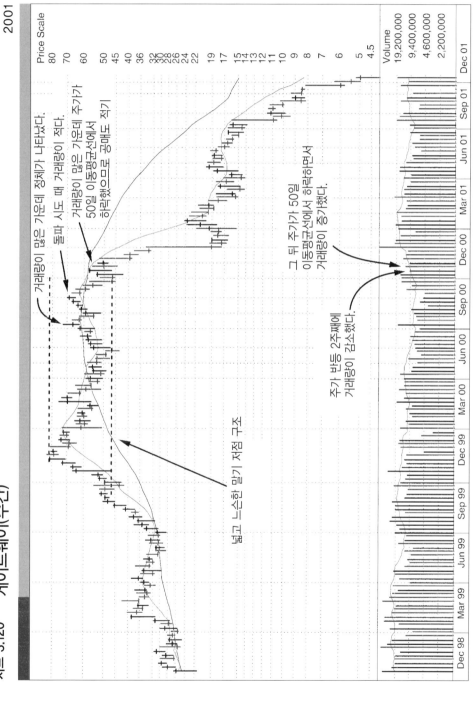

2001

Price Scale
80
70
60

50
45
40
36
32
30
28
26
24
22

19
17

15
14
13
12
11
10
9
8

7

6

5
4.5

거래량이 많은 가운데 정체기가 나타났다.

돌파 시도 때 거래량이 적다.

거래량이 많은 가운데 주가가
50일 이동평균선에서
하락했으므로 공매도 적기

그 뒤 주가가 50일
이동평균선에서 하락하면서
거래량이 증가했다.

주가 반등 2주째에
거래량이 감소했다.

넓고 느슨한 말기 저점 구조

Volume
19,200,000
9,400,000
4,600,000
2,200,000

Dec 98 Mar 99 Jun 99 Sep 99 Dec 99 Mar 00 Jun 00 Sep 00 Dec 00 Mar 01 Jun 01 Sep 01 Dec 01

차트 3.121   넥스텔 커뮤니케이션즈(주간)

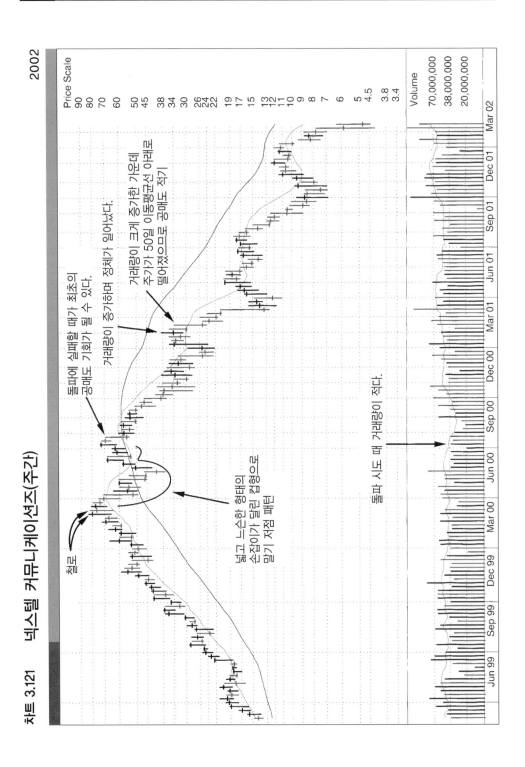

2002

Price Scale
90
80
70
60

50
45

38
34
30

26
24
22

19
17
15

13
12
11
10
9
8
7

6

5
4.5

3.8
3.4

Volume
70,000,000
38,000,000
20,000,000

철로

돌파에 실패할 때마다 최초의
공매도 기회가 될 수 있다.

거래량이 증가하며 정체가 일어났다.

거래량이 크게 증가한 가운데
주가가 50일 이동평균선 아래로
떨어졌으므로 공매도 적기

넓고 느슨한 형태의
손잡이가 달린 컵으로
맡기 저점 패턴

돌파 시도 때 거래량이 적다.

차트 3.122　　스프린트 PCS 그룹(주간)

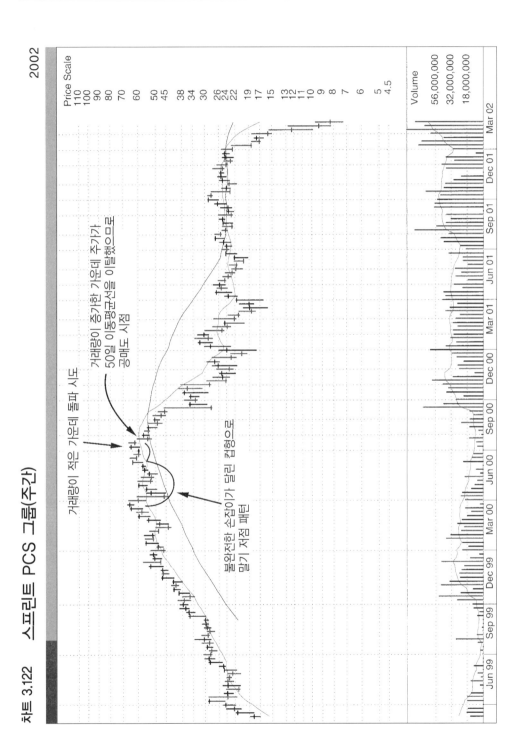

거래량이 적은 가운데 돌파 시도

거래량이 증가한 가운데 주가가
50일 이동평균선을 이탈했으므로
공매도 시점

불완전한 손잡이가 달린 컵형으로
물기 저점 패턴

Price Scale
110
100
90
80
70
60

50
45

38
34

30

26
24
22

19
17

15

13
12
11
10

9

8

7

6

5
4.5

Volume
56,000,000

32,000,000

18,000,000

2002

차트 3.123　코닝(주간)

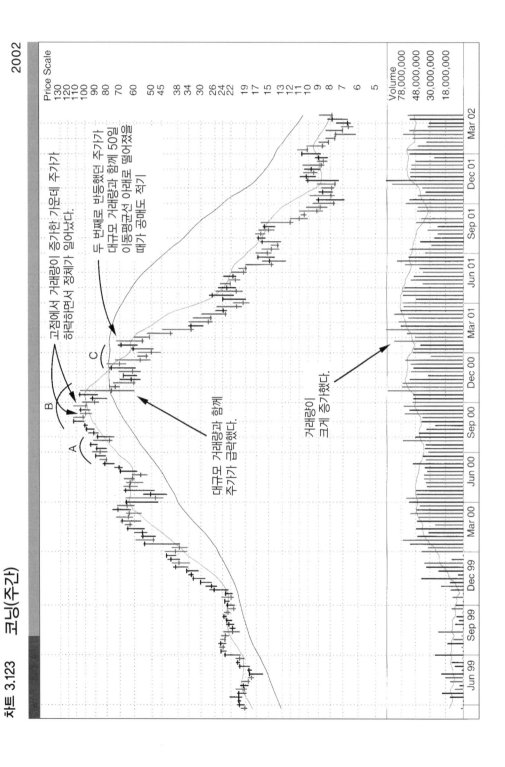

2002

Price Scale
130
120
110
100
90
80
70
60

50
45

38
34
30

26
24
22

19
17
15

13
12
11
10
9
8
7

6

5

고점에서 거래량이 증가한 가운데 주가가
하락하면서 정체가 일어났다.

두 번째로 반등했던 주가가
대규모 거래량과 함께 50일
이동평균선 아래로 떨어졌을
때가 공매도 적기

C

B

A

대규모 거래량과 함께
주가가 급락했다.

거래량이
크게 증가했다.

Volume
78,000,000
48,000,000

30,000,000

18,000,000

Jun 99　Sep 99　Dec 99　Mar 00　Jun 00　Sep 00　Dec 00　Mar 01　Jun 01　Sep 01　Dec 01　Mar 02

차트 3.124   시에나(주간)

2002

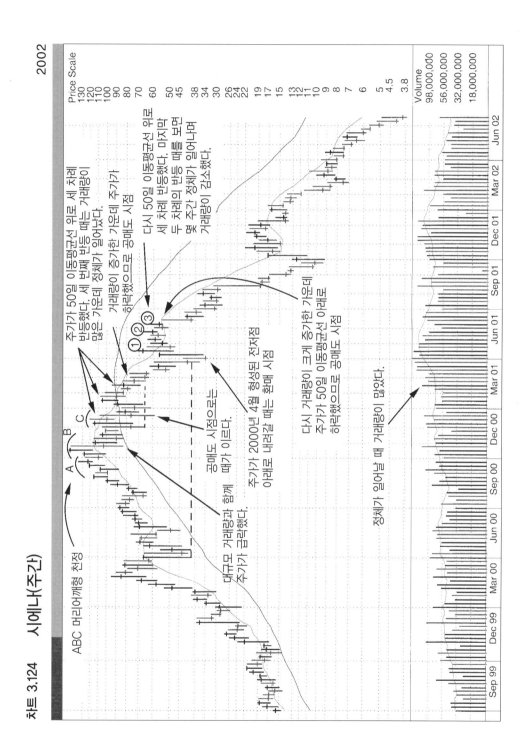

ABC 머리어깨형 천정

주가가 50일 이동평균선 위로 세 차례 반등했다. 세 번째 반등 때는 거래량이 많은 가운데 정체가 일어났다.

거래량이 증가한 가운데 주가가 하락했으므로 공매도 시점

다시 50일 이동평균선 위로 세 차례 반등했다. 마지막 두 차례의 반등 때를 보면 몇 주간 정체가 일어나며 거래량이 감소했다.

공매도 시점으로는 B 매가 이르다.

주가가 2000년 4월 형성된 전저점 아래로 내려갈 때는 환매 시점

대규모 거래량과 함께 주가가 급락했다.

다시 거래량이 크게 증가한 가운데 주가가 50일 이동평균선 아래로 하락했으므로 공매도 시점

정체가 일어날 때 거래량이 많았다.

Price Scale
130
120
110
100
90
80
70
60
50
45
38
34
30
26
24
22
19
17
15
13
12
11
10
9
8
7
6
5
4.5
3.8

Volume
98,000,000
56,000,000
32,000,000
18,000,000

Sep 99   Dec 99   Mar 00   Jun 00   Sep 00   Dec 00   Mar 01   Jun 01   Sep 01   Dec 01   Mar 02   Jun 02

차트 3.125   젠자임 제너럴(주간)

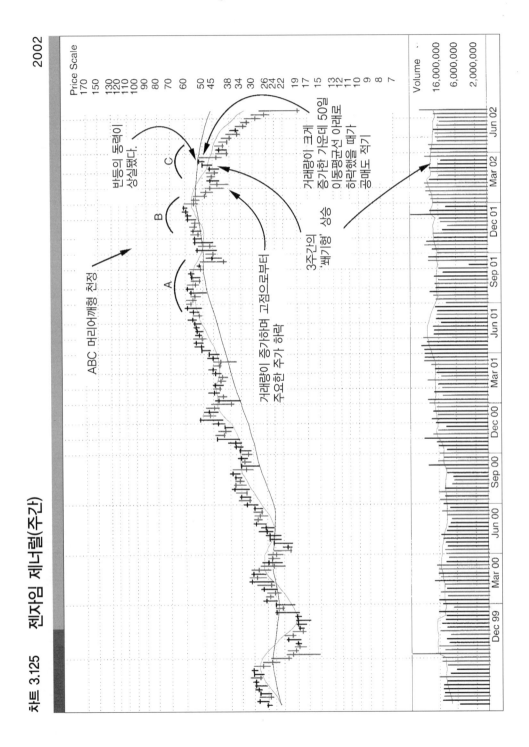

Price Scale
170
150
130
120
110
100
90
80
70
60
50
45
38
34
30
26
24
22
19
17
15
13
12
11
10
9
8
7

2002

ABC. 머리어깨형 천정

반등이 동력이
상실됐다.

거래량이 증가하며 고점으로부터
주요한 주가 하락

3주간의
'쐐기형' 상승

거래량이 크게
증가한 가운데 50일
이동평균선 아래로
하락했을 때가
공매도 적기

Volume
16,000,000
6,000,000
2,000,000

Dec 99   Mar 00   Jun 00   Sep 00   Dec 00   Mar 01   Jun 01   Sep 01   Dec 01   Mar 02   Jun 02

차트 3.126 　셈미나-SCI(주간)

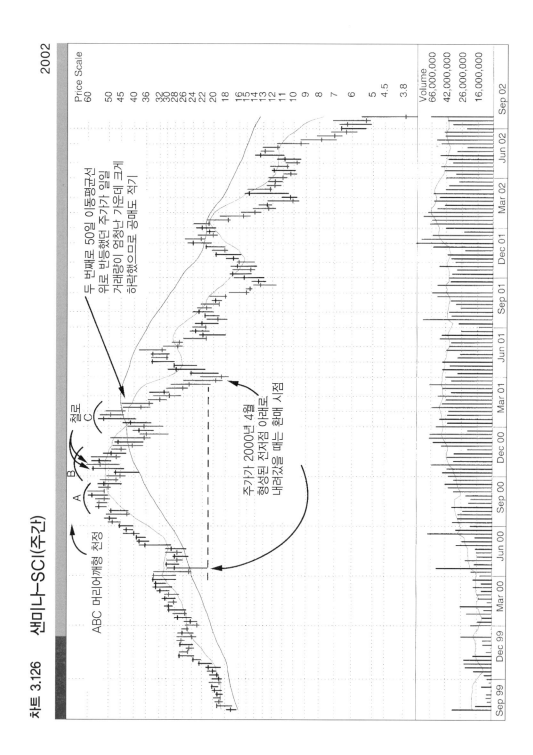

ABC 머리어깨형 천정

A B C 철로

두 번째로 50일 이동평균선 위로 반등했던 주가가 일일 거래량이 엄청난 가운데 크게 하락했으므로 공매도 시기

주가가 2000년 4월 형성된 전저점 아래로 내려갔을 때는 훨매도 시점

차트 3.127   어플라이드 마이크로 서킷(주간)   2002

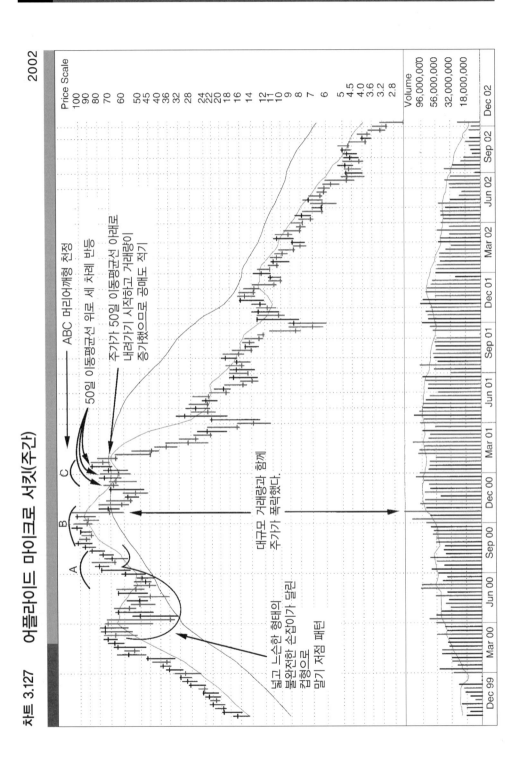

Price Scale
100
90
80
70
60
50
45
40
36
32
28
24
22
20
18
16
14
12
11
10
9
8
7
6
5
4.5
4.0
3.6
3.2
2.8

ABC 머리어깨형 천정

50일 이동평균선 위로 세 차례 반등

주가가 50일 이동평균선 아래로
내려가기 시작하고 거래량이
증가했으므로 공매도 적기

대규모 거래량과 함께
주가가 폭락했다.

넓고 느슨한 형태의
불완전한 손잡이가 달린
컵으로
말기 저점 패턴

Volume
96,000,000
56,000,000
32,000,000
18,000,000

Dec 99 Mar 00 Jun 00 Sep 00 Dec 00 Mar 01 Jun 01 Sep 01 Dec 01 Mar 02 Jun 02 Sep 02 Dec 02

차트 3.128   커리어 에듀케이션즈(주간)   2004

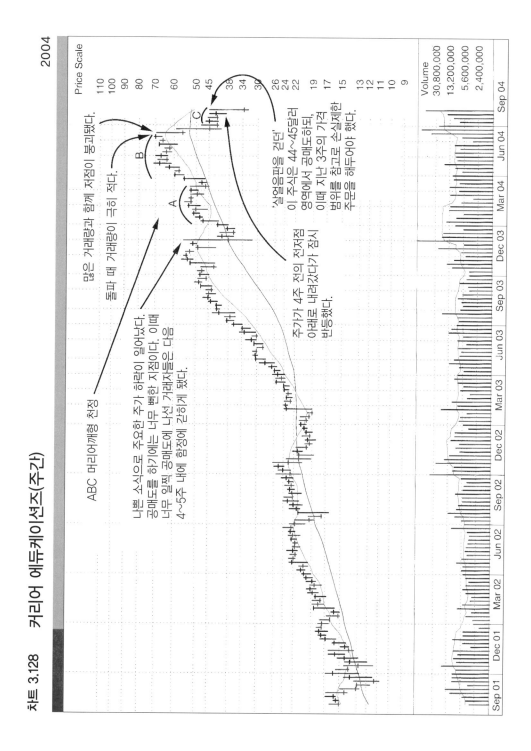

Price Scale

ABC 머리어깨형 천정

많은 거래량과 함께 저점이 붕괴됐다.

돌파 때 거래량이 극히 적다.

나쁜 소식으로 주요한 주가 하락이 일어났다.
공매도를 하기에는 너무 빠른 지점이다. 이때
너무 일찍 공매도에 나선 거래자들은 다음
4~5주 내에 함정에 갇히게 됐다.

'살얼음판을 걷던'
이 주식은 44~45달러
영역에서 공매도하되,
이때 지난 3주의 가격
범위를 참고로 손실제한
주문을 해두어야 했다.

주가가 4주 전의 전저점
아래로 내려갔다가 잠시
반등했다.

110
100
90
80
70
60
50
45
38
34
30
26
24
22
19
17
15
13
12
11
10
9

B
A
C

Volume
30,800,000
13,200,000
5,600,000
2,400,000

Sep 01   Dec 01   Mar 02   Jun 02   Sep 02   Dec 02   Mar 03   Jun 03   Sep 03   Dec 03   Mar 04   Jun 04   Sep 04

차트 3.129   넘타이 일렉트로닉(주간)   2004

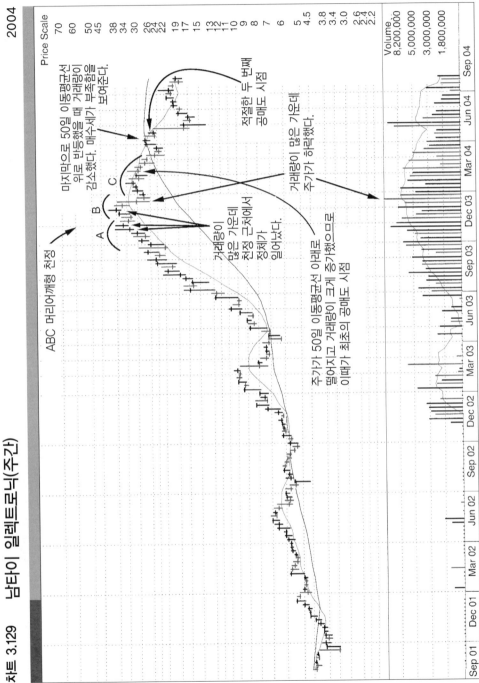

Price Scale

ABC 머리어깨형 천정

마지막으로 50일 이동평균선
위로 반등했을 때 거래량이
감소했다. 매수세가 부족함을
보여준다.

적절한 두 번째
공매도 시점

거래량이 많은 가운데
주가가 하락했다.

거래량이
많은 가운데
천정 근처에서
정체가
일어났다.

주가가 50일 이동평균선 이래로
떨어지고 거래량이 크게 증가했으므로
이때가 최초의 공매도 시점

Volume
8,200,000
5,000,000
3,000,000
1,800,000

차트 3.130   타로제약(주간)

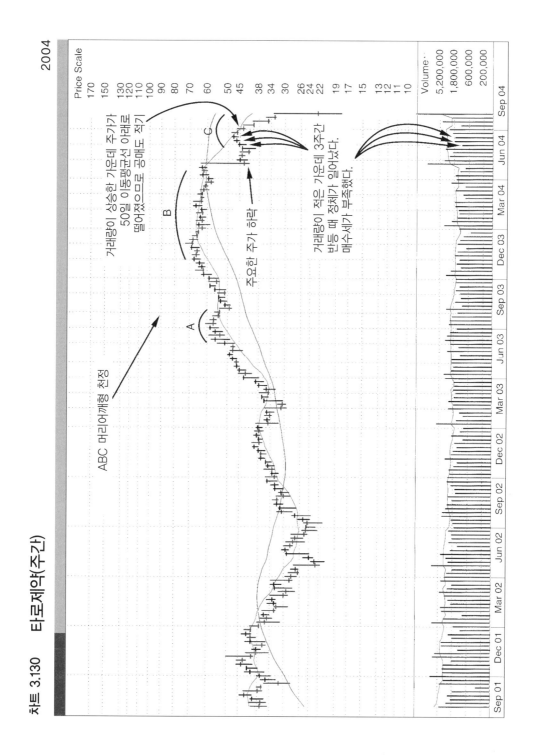

2004

Price Scale

170
150
130
120
110
100
90
80
70
60
50
45
38
34
30
26
24
22
19
17
15
13
12
11
10

Volume·
5,200,000
1,800,000
600,000
200,000

ABC 머리어깨형 천정

거래량이 상승한 가운데 주가가
50일 이동평균선 아래로
떨어졌으므로 공매도 적기

B

A

C

주요한 주가 하락

거래량이 적은 가운데 3주간
반등 때 정체가 일어났다.
매수세가 부족했다.

Sep 01 Dec 01 Mar 02 Jun 02 Sep 02 Dec 02 Mar 03 Jun 03 Sep 03 Dec 03 Mar 04 Jun 04 Sep 04

차트 3.131   비스타케어(주간)

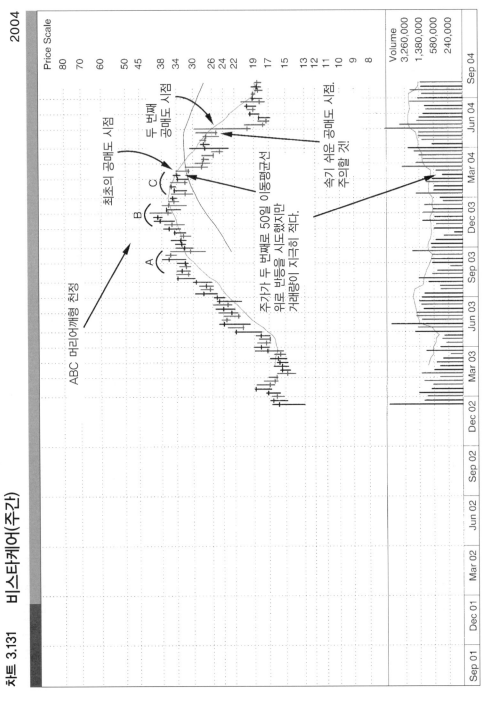

2004

Price Scale
80
70
60
50
45
38
34
30
26
24
22
19
17
15
13
12
11
10
9
8

ABC 머리어깨형 천정

최초의 공매도 시점

두 번째
공매도 시점

C
B
A

주가가 두 번째로 50일 이동평균선
위로 반등을 시도했지만
거래량이 지극히 적다.

속기 쉬운 공매도 시점.
주의할 것.

Volume
3,260,000
1,380,000
580,000
240,000

Sep 01 Dec 01 Mar 02 Jun 02 Sep 02 Dec 02 Mar 03 Jun 03 Sep 03 Dec 03 Mar 04 Jun 04 Sep 04

차트 3.132   코린시언 칼리지(주간)

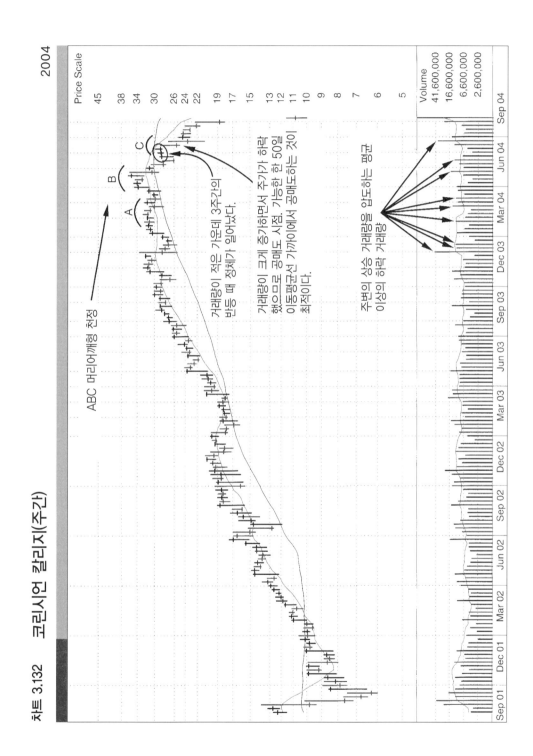

차트 3.133 　넷이즈닷컴(주간) 　2004

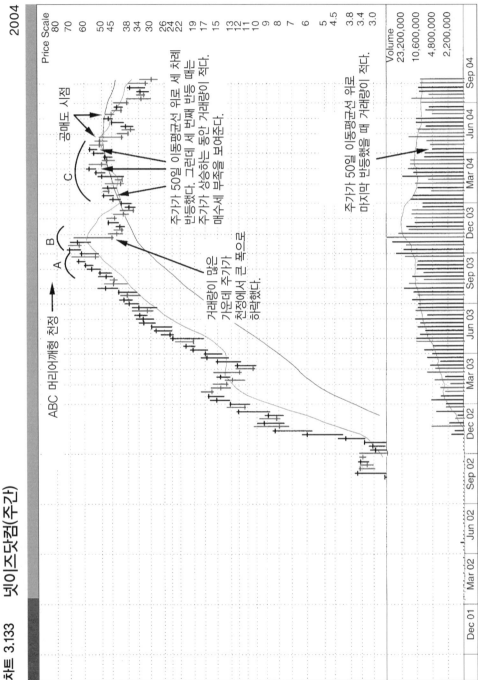

Price Scale

ABC 머리어깨형 천정 →

공매도 시점

C

A B

주가가 50일 이동평균선 위로 세 차례 반등했다. 그런데 세 번째 반등 때는 주가가 상승하는 동안 거래량이 적다. 매수세 부족을 보여준다.

거래량이 많은 가운데 주가가 천정에서 큰 폭으로 하락했다.

주가가 50일 이동평균선 위로 마지막 반등했을 때 거래량이 적다.

Volume
23,200,000
10,600,000
4,800,000
2,200,000

차트 3.134   시나(주간)

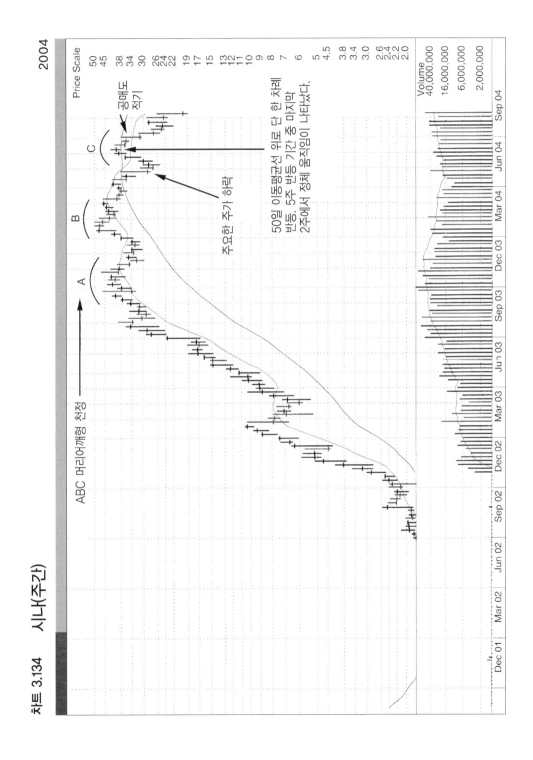

Price Scale

50
45
38
34
30
26
24
22
19
17
15
13
12
11
10
9
8
7
6
5
4.5
3.8
3.4
3.0
2.6
2.4
2.2
2.0

2004

공매도
적기

C

B

A

ABC 머리어깨형 천정

주요한 주가 하락

50일 이동평균선 위로 단 한 차례
반등. 5주 반등 기간 중 마지막
2주에서 정체 움직임이 나타났다.

Volume
40,000,000
16,000,000
6,000,000
2,000,000

Dec 01   Mar 02   Jun 02   Sep 02   Dec 02   Mar 03   Jun 03   Sep 03   Dec 03   Mar 04   Jun 04   Sep 04

차트 3.135   넷플릭스(주간)

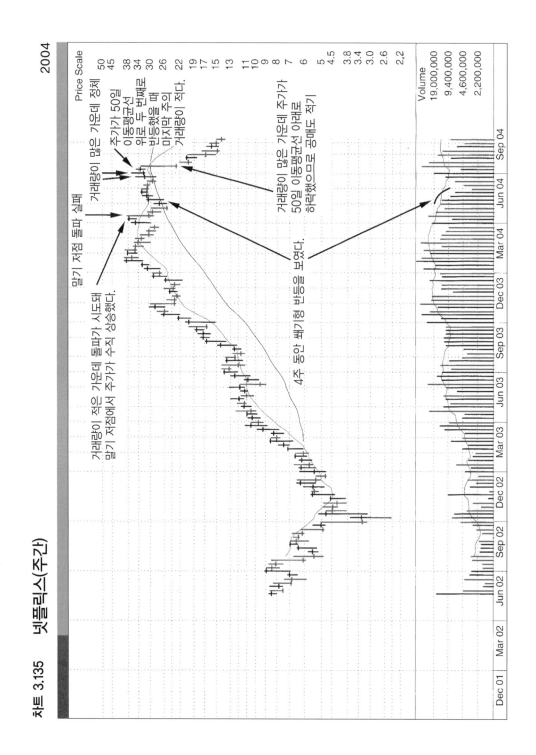

2004

Price Scale

딸기 저점 돌파 실패

거래량이 적은 가운데 돌파 시도돼
딸기 저점에서 주가가 수직 상승했다.

거래량이 많은 가운데 정체

주가가 50일
이동평균선
위로 두 번째로
반등했을 때
마지막 주의
거래량이 적다.

거래량이 많은 가운데 주가가
50일 이동평균선 아래로
하락했으므로 공매도 적기

4주 동안 쐐기형 반등을 보였다.

Volume

19,000,000
9,400,000
4,600,000
2,200,000

Dec 01 Mar 02 Jun 02 Sep 02 Dec 02 Mar 03 Jun 03 Sep 03 Dec 03 Mar 04 Jun 04 Sep 04

50
45
38
34
30
26
22
19
17
15
13
11
10
9
8
7
6
5
4.5
3.8
3.4
3.0
2.6
2.2

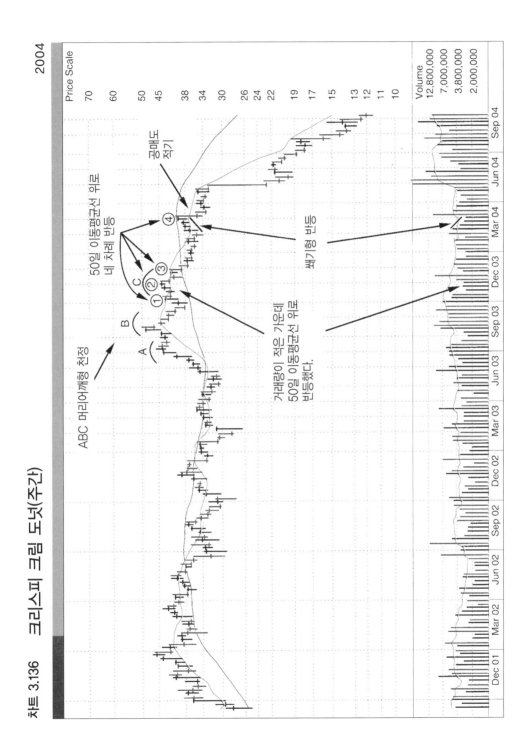

차트 3.136   크리스피 크림 도넛(주간)

2004

ABC 머리어깨형 천정

50일 이동평균선 위로
네 차례 반등

공매도
적기

거래량이 적은 가운데
50일 이동평균선 위로
반등했다.

쐐기형 반등

Price Scale

70

60

50
45

38
34

30

26
24
22

19

17

15

13
12
11

10

Volume
12,800,000

7,000,000

3,800,000

2,000,000

윌리엄 오닐의 공매도 투자 기법

초판 1쇄 발행 2019년 1월 30일
개정판 1쇄 발행 2025년 7월 11일

지은이 윌리엄 오닐, 길 모랄레스
옮긴이 조윤정

펴낸곳 (주)이레미디어
전화 031-908-8516(편집부), 031-919-8511(주문 및 관리) | **팩스** 0303-0515-8907
주소 경기도 파주시 문예로 21, 2층
홈페이지 www.iremedia.co.kr | **이메일** mango@mangou.co.kr
등록 제396-2004-35호

재무총괄 이종미 | **경영지원** 김지선
편집 공순례 | **본문디자인** 오렌지 | **표지디자인** 유어텍스트 | **마케팅** 김하경

ISBN 979-11-93394-70-0 (03320)

· 가격은 뒤표지에 있습니다.
· 잘못된 책은 구입하신 서점에서 교환해드립니다.

당신의 소중한 원고를 기다립니다.
mango@mangou.co.kr